西南石油大学创新创业教育成果系列丛书

一树百获

——创新创业人才风采集锦

主　编　赵正文
副主编　刘向君
编　委　姚　远　张　磊　陈玉祥　唐　乐
　　　　肖鸿运　李媛媛　朱　原　孙晓光
　　　　刘　强　冉玉嘉　阚文华　李安然
　　　　徐　博　彭希宁　邓超越　徐余跃
　　　　陈建波　王晨晨　徐媛媛　刘雨鑫
　　　　伍　悦

项目策划：张宇琛
责任编辑：张宇琛
责任校对：谢　瑞
封面设计：墨创文化
责任印制：王　炜

图书在版编目（CIP）数据

一树百获：创新创业人才风采集锦 / 赵正文主编
. — 成都：四川大学出版社，2021.5
（西南石油大学创新创业教育成果系列丛书）
ISBN 978-7-5690-4566-6

Ⅰ．①一… Ⅱ．①赵… Ⅲ．①西南石油大学－大学生－创业－先进事迹②西南石油大学－校友－创业－先进事迹　Ⅳ．① K828.4 ② K825.38

中国版本图书馆 CIP 数据核字（2021）第 073289 号

书　名	一树百获——创新创业人才风采集锦	
主　　编	赵正文	
出　　版	四川大学出版社	
地　　址	成都市一环路南一段 24 号（610065）	
发　　行	四川大学出版社	
书　　号	ISBN 978-7-5690-4566-6	
印前制作	四川胜翔数码印务设计有限公司	
印　　刷	四川盛图彩色印刷有限公司	
成品尺寸	170mm×240mm	
印　　张	8.25	
字　　数	125 千字	
版　　次	2021 年 6 月第 1 版	
印　　次	2021 年 6 月第 1 次印刷	
定　　价	42.00 元	

◆ 版权所有 ◆ 侵权必究 ◆

- 读者邮购本书，请与本社发行科联系。
  电话：(028)85408408/(028)85401670/
  (028)86408023　邮政编码：610065
- 本社图书如有印装质量问题，请寄回出版社调换。
- 网址：http://press.scu.edu.cn

四川大学出版社
微信公众号

前　言

当前，我国的经济社会发展进入新时代，创新创业成为实现我国经济发展的"新引擎"，新一轮创新创业的热潮已经形成，正在成为一种新的价值导向、生活方式和时代气息。教育部推动新一轮的高等教育改革，其中的重点就是深化创新创业教育改革，目的就是让每一个怀揣梦想的学子获得自主发展和创新创业的空间，让每一个有志创业的人才拥有人生出彩、梦想成真的机会，让每一个良性发展的企业都能健康成长，服务于国家经济社会的发展。

西南石油大学作为全国"双一流"建设高校和首批"深化创新创业教育改革示范高校"，紧紧围绕高水平特色大学的办学定位，多年来坚持"能源使命激活创新，铁人精神激励创业"的创新创业教育理念，把创新创业教育改革作为全面深化教育改革的重要抓手，把大学生创新创业训练计划（以下简称"大创计划"）作为深化高校创新创业教育改革的重要载体，培养了一大批"就业有优势、创业有本领、深造有基础、发展有后劲"的创新型人才。

为了全面总结和展示"大创计划"实施以来的经验及成效，我们特别收集了历年优秀创新创业学子及校友的创业故事及人物风采，希望能为广大大学生创新创业提供一定的帮助和启示。

"好风凭借力，送我上青云。"祝愿广大学子在"大众创业，万众创新"的热潮中，乘风破浪，勇立潮头，早日成为实现"中国梦"的中坚力量！

目录
CONTENT

创新人物篇 001

实践出真知，劳动长才干 / 003

矢重青春志，风霜恒不渝 / 006

中流击水，奋楫者进 / 009

书山有路，学无止境 / 012

搏击长空，不忘少年梦想 / 015

人生须乘长风破万浪 / 018

打造专属于自己的学习生涯 / 021

努力而不功利 / 024

路漫而修远，吾将求索之 / 027

创新创业之三个理论 / 030

虽行小事，但汇大义 / 034

以情怀赋诗，歌一曲青春 / 038

坚定信念向前冲 / 042

逐梦，一直在路上 / 045

纸上得来终觉浅，绝知此事要躬行 / 048

世界不会亏待每个努力的人 / 051

以梦为马，不负韶华 / 055

追求真理，用激情点亮大学生活 / 058

一路走来，心怀种种 / 061

高调做事，低调做人 / 064
坚守学术精神，谱写人生华章 / 067
逐梦奋进，砥砺前行 / 070
欲戴王冠，必承其重 / 073

创业人物篇　075

不忘初心，爱与荣耀同行 / 079
这世界，如我所愿 / 082
将学习融入实践，以创业憧憬未来 / 085
灿烂星辰，一往无前 / 088
自主创新，打破垄断 / 091
带着梦想，一路前行 / 094
变"中国制造"为"中国创造" / 097
顺势而为，智创青春 / 100
穷且益坚，志存高远 / 104
心中有梦想，创业正起航 / 107
青春之行，创业之路 / 111
奋斗让梦想开花 / 115
为圆心中创业梦，创安全"守护神" / 118
人需有梦，更应追梦 / 121
只争朝夕，不负韶华 / 124

创新人物篇

实践出真知，劳动长才干

人物名片：

李鹏鑫，西南石油大学工商管理2016级本科生。曾担任西南石油大学经理人协会会长等职务，获共青团中央"社会实践'千校千项'真情实感志愿者"和学校"社会实践优秀个人"等称号。参加多项学科竞赛，获第十届中国大学生服务外包大赛国家三等奖、国家能源经济学术创意大赛三等奖、"互联网＋"大赛四川省银奖和"创青春"大学生创新创业大赛四川省金奖等。

》 投身行业劳动，初尝实践之艰 《

当我踏入西南石油大学的校园时，便暗下决心要成为一名"为祖国加油，为民族争气"的优秀石大人。然而作为大一新生的我，一度也只有满腔豪情，却不知该从何开始。但我明白，只有一步一个脚印，最终才能摘得夜空星辰。

当时辅导员在做"档案袋"式帮扶学生创新创业计划，他通过专业群号召有兴趣的同学参与进来。于是我加入了锦门大学生创新创业基地管理组并任组

长,后来的事实也证明了我积极向前、抓住劳动实践机遇的做法是正确的。在老师的指导下,我带领管理团队与锦门景区沟通,2016年10月,双方建立了校地互访制度,成立了"锦门大学生创新创业孵化基地"。之后,我促成了10家大学生创业公司入驻该基地,还成立了一家自己的公司并担任法人代表,促进产生就业岗位共计40余个。2017年6月,我组建了"时光如歌"校级暑期社会实践队,为在校大学生宣讲行业劳动实践心得体会、解答有关行业的劳动实践问题,鼓励更多的大学生参与到行业劳动实践中。

在第一次行业劳动实践的过程中我也遇到了许多问题,我知道,面对种种困难,唯有主动学习相关专业知识与法律知识,脚踏实地前行。这次成功的经历也使我更加确信:劳动会有回报,实践能出真知!

》 坚持学以致用,让知识和实践结果 《

随着实践的逐步深入,我越发觉得自己知识储备较为匮乏,便开始提前学习专业知识。这时我接触到了商科和创新创业类竞赛,一开始,我就被竞赛中丰富的内容吸引了。我参加的第一个学科竞赛是四川省大学生营销策划大赛,大赛命题为"格力大型中央空调的推广",要求结合所学营销理论,选取合适的营销模型,针对格力中央空调实际情况设计营销方案。我设计了一个针对格力中央空调的潜在客户信息数据库,数据库以仓储管理ABC理论为基础,结合潜在客户的实际情况构建而成,最终获得了省级二等奖。

随后,我陆续参加了许多竞赛,大学三年,我获得了第十届大学生服务外包大赛全国三等奖、国家能源经济学术创意大赛三等奖、四川省"互联网+"大赛银奖和"创青春"大学生创新创业大赛四川省金奖等,共计国奖5项、省奖9项和校院级奖励40余项。并且在大二时就获得了四川省大学生综合素质A级证书。竞赛实践使我有了许多收获,它不仅锤炼了我的专业技能,也让我在实践过程中形成了吃苦耐劳、大胆创新的品质,使我受益终生。

不忘实践初心，服务社会筑梦人生

除竞赛外，我还参加了很多次关爱失独家庭的志愿服务活动，参与建立失独老人关爱平台。并以此为基础，以核心成员第三位的身份创立了"'1+3+N'专业伴银龄，失独不孤独"项目，项目在第五届"互联网+"大学生创新创业大赛红旅赛道公益组以四川省红旅赛道第一的身份晋级国赛。

2018年8月，受台风"温比亚"的影响，我的家乡山东省寿光市连降暴雨，历年罕见，寿光弥河沿岸发生了严重洪灾。彼时，正放假在家的我加入了抗洪救灾志愿服务队伍，去到了灾情最为严重的孙家集街道。灾情发生当晚，两名孙家集辅警在救援路上被洪水冲走，下落不明，但我并没有因此而退却，依然冒着危险与广大志愿者一同坚守在抗洪救灾志愿服务第一线。

我相信，作为一名大学生、一名当代青年，只有志存高远、脚踏实地，将个人理想融入中国梦的伟大实践，勇做奋进者、开拓者、奉献者，青春才能更加绚丽多彩！

矢重青春志，风霜恒不渝

人物名片：

李杨，西南石油大学石油工程2015级博士研究生。本科期间保送博士，曾获全国石油工程知识竞赛特等奖、全国大学生计算机设计大赛一等奖、中国石油工程设计大赛"卓越杯"以及中国"未来之路"能源创新研究项目全国总冠军。此外，获中国大学生自强之星、四川省新青年、四川省"五四青年"学生榜样、四川省励志成才成长优秀学生等荣誉称号。优秀事迹被《中国教育报》《中国研究生》多次报道。

》 寒门学子，父母脊梁 《

2011年，17岁的我仅以调档分数进入西南石油大学。回首过去，我的求学之路充满了艰辛与坎坷，父亲常年生病，母亲先天弱视，几亩薄田是全家唯一的经济来源，家里举债超过十万元，每年近万元的学杂费更像一座大山压在我的肩头。我一直提醒自己："我是父母的脊梁、家庭的希望，未来的一切要靠我自己。"我相信，命运一定会眷顾自强不息、顽强拼搏的人，所以我努力学习，靠勤工俭学、社会兼职和奖学金解决了上学的费用问题。在校期间，我获国家奖学金5次、中石油优秀学生奖学金2次。不仅如此，我还以专业课几乎全部满分的优异成绩，拿到了西南石油大学2015年唯一的本科直接保送博士的资格，给了父母最大的慰藉，为青春的梦想扬起了新的风帆。

≫ 勇于探索，有所建树 ≪

大学前两年，我自学了20余门专业课程。同时我深知，要学好专业知识，离不开实践。所以我利用寒暑假时间，自费从四川远赴新疆、大庆、辽宁等油田企业进行实践调研。调研期间，我与师傅们同吃同住，将自身的专业理论知识与现场实际应用相结合，为博士期间的科研工作打下了扎实的专业基础。

博士期间，我坚持每天6点起床，别人进入梦乡的时候，我则走在刚做完实验回寝室的路上。经过上千次的实验与模拟，我获得了关于致密气压裂过程中的储层保护问题的特色研究成果，突破了传统储层保护措施的技术瓶颈，首次提出以破坏分子间作用力为技术核心，实现了压裂液在储层伤害程度的大幅降低。目前，在国际刊物上发表高水平学术论文9篇、授权国家专利13项、授权软件著作7项，参加国际学术会议做主题报告3次。

≫ 奋进追梦，不断超越 ≪

博士期间，我师从长江学者郭建春教授，加入了教育部"长江学者和创新团队发展计划"支持的创新团队。在导师的耐心引导下，我以"爱国、创业、拼搏、求实、奉献"为座右铭，时刻不忘自己"到祖国最需要的地方去建功立业"的庄严承诺。

高水平学科竞赛对我有着巨大的吸引力。每次竞赛，都是对专业知识的系统检测以及对意志和体力的严峻考验。我曾获全国石油工程知识竞赛特等奖、全国大学生计算机设计大赛一等奖，受到贾承造和李阳两位院士的亲自颁奖表彰。同时，我以在研课题为基础，在全国大学生石油科技创新创业大赛中取得

了优异成绩,同时获中国"未来之路"能源创新研究项目全国总冠军,并受邀参加美国加利福尼亚州圣何塞举办的"联合国 2030 可持续发展目标论坛",就中国应如何实现其能源目标进行主题发言,让世界听到了中国研究生之声。

我始终认为,机会永远留给有准备之人,只有不懈努力,才能把不可能变成可能;只有不懈奋斗,才称得上无悔的青春!

》 社会担当,青春闪亮 《

我励志做社会主义的接班人,时刻不忘将理论联系实际,全面提升自我能力。博士期间,我扎根油气生产一线,继续前往全国各大油田企业进行科研理论学习与工程技术实践。作为国家"十三五"油气重大专项的技术首席,我始终以解决工程重大难题为目标,将自主研发的低吸附、低伤害压裂液投入川西致密油气资源的开发,将所学所长用于油田生产。同时,我还积极响应国家"大众创业、万众创新"的号召,创办了"梦想规划"服务机构。我还喜欢与他人分享自身经验,每学年开展学术讲座 10 余场,希望能帮助大家树立属于自己的人生目标。

我们要敢于做先锋,不做过客、看客,让责任成为青春远航的强大动力,让创新创业成为青春搏击的能量,让青春年华在为国家、为人民的奉献中焕发出绚丽光彩。

中流击水，奋楫者进

人物名片：

石昵，西南石油大学石油工程2011级学生，曾获"十大学术成就奖"等，目前已授权国际发明专利1项、国家发明专利9项、软件著作权1项。获2017年四川省环境保护科学技术二等奖、2018年中国石油和化工自动化行业科学技术发明一等奖。其科研产品获"互联网＋"国家银奖、"能源智慧未来"大学生创新创业大赛国家铜奖、"创青春"四川省大学生创新创业大赛银奖等。

》 下定决心，改变自身 《

2011年，我考取了西南石油大学石油工程专业，但本科期间学习成绩一般。毕业找工作时，面对自己寥寥几笔的简历，我感到十分惭愧。看见身边的同学有些已经参与到实验室的科研活动中，我便暗下决心准备考研。终于在2015年，我以385分、油气井工程专业笔试第一名的成绩考上了研究生，实现了我的考研梦，也为我的"逆袭之路"拉开了序幕。我深知科研不易，便每天

在实验室刻苦学习,弥补本科时欠下的"学业债"。本科期间从来没有获得过学业奖励的我拿到了学业奖学金,这也算是对自己辛苦付出的小小回报。凭借研一、研二阶段的表现,我于2017年获得了硕博连读资格,实现了自己的"博士梦"。但是因为在研究生阶段并无学术成果,此时的我受到了究竟能否顺利毕业的质疑,我知道,此刻的自己又身处逆风前行的路上。

》 致力科研,绽放光芒 《

博一上学期,一次偶然的机会我接触到了光催化这一前沿学科,我对此充满了兴趣,便决心从事光催化处理油气田废液这项交叉学科研究,毫无材料化学基础的我每天用至少10小时的时间恶补相关知识。为了解决卤氧化铋基光触媒可见光利用率偏低、催化效率不高的问题,我整天泡在实验室,经过不断的尝试、失败与自我否定,终于找到了大幅提升卤氧化铋基光触媒性能的方法,自合成的一系列改性材料在处理油田废水、废气领域取得了显著成效。终于在2017年8月,我发表了人生中第一篇一区TOP SCI论文。

博士在读期间,我参与国家自然基金、中石油创新基金、厦门大学开放性课题等科研项目共5项。凭借科研项目的支撑,我以第一、第二作者身份发表高水平SCI学术论文十篇(一区TOP 3篇、二区TOP 2篇、三区5篇),累计影响因子52.609。此外,我还以第一作者身份在环境工程排名世界第一的期刊——*Applied Catalysis B:Environmental*(一区TOP,IF=14.229)上发表论文一篇,并因此受邀参加2020年于美国洛杉矶举办的世界催化和化学工程国际会议。上千次的实验积累使我以第一或第二发明人身份授权国际发明专利1项、国家发明专利9项、软件著作权1项。这些成果使我连续两年获得国家奖学金、"十大学术成就奖"等,得到了罗平亚、石碧等多位院士的认可和推荐。2017年,我以主要完成人身份荣获四川省环境保护科学技术二等奖,2018年,以主要完成人身份荣获中国石油和化工自动化行业科学技术发明一等奖。

披荆斩棘，展现锋芒

2017年，我带着自己的产品——"Reac－O2"污水处理剂走出实验室，登上了创新创业的舞台。我带领团队一路过关斩将，凭借"Reac－O2"污水处理剂在环境修复方面的突出优势接连获得了"互联网＋"校级金奖、省级金奖，并最终获得了国家银奖，这是西南石油大学在第三届中国"互联网＋"大学生创新创业大赛中获得的唯一国家级银奖，也是全国石油学科在此类竞赛中的第一个国家级银奖。

得益于前期的科研成果以及丰富的参赛经验，2018年，我获得了康菲石油"未来之路"能源研究项目全国总冠军，并受邀参加硅谷创行世界杯"2030联合国可持续发展目标论坛"。随后，我又于同年获得了"能源智慧未来"大学生创新创业大赛国家铜奖、"创青春"四川省大学生创新创业大赛银奖等。在这些学科竞赛中得到的锻炼是我科研路上的无价珍宝。硕博连读期间硕果累累，背后则是许多不为人知的艰辛和努力。我深深知道，身处逆境并不可怕，可怕的是就此沉沦。一定要锻炼自己即刻行动的能力，充分利用自己对现实的认知力，不要沉浸在过去，也不要执着于未来，要着眼今天，脚踏实地，勇敢前行。

书山有路，学无止境

人物名片：

陈雯婧，西南石油大学化学工程与技术2017级博士研究生。本科就读环境工程专业，毕业后保送西南石油大学化学工程与技术专业深造，攻读博士学位至今。本科期间多次获优秀学生奖学金并获西南石油大学优秀毕业生称号，并获国家公派出国留学资格，赴日本九州大学以污染物治理为课题开展为期一年的联合培养。发表学术论文7篇，参与国家自然科学基金2项，连续两年获得国家奖学金，并获研究生"十大学术成就奖"。

》 乘风有梦待月归 《

高考后，我报考了西南石油大学环境工程专业，这个选择于我而言既代表了十八年来对未知领域探索的渴望，也是梦想暗藏心中的"灵光一现"。那一年，震惊世界的渤海湾"康菲溢油事件"是我第一次接触石油行业，我也第一次了解了油气开采安全对于生态环境的巨大影响。之后，我开始学习油气田污染治理和环境污染防治等专业知识。

本科四年，我没有想过毕业后要成为一个怎样的人，只是因为自己对环境专业感兴趣，所以埋头苦读，努力钻研。"少不负韶华，青春须早为"，我也凭借自己坚持不懈的努力多次获得优秀学生奖学金，成功保送本校研究生，并获"西南石油大学优秀毕业生"等获誉称号，回首过去，我无愧于自己的青春年华。

》 学思寻梦叹年华 《

出于对环境治理的兴趣，我顺理成章地走上了科研之路。大四那年参观学校三期井架，我意识到只是采用以城市污水为工作对象的处理系统进行油田污水治理是远远不够的，还需要从更多的领域博采众长，丰富现有的技术手段。于是在读研期间，我加入了具有交叉学科研究背景的邹长军教授团队，从事油田污水治理，学习运用化工手段高效经济地解决环境问题并取得了突破性进展。

在邹老师的感召与启发下，我不断地鞭策自己，每天一早便进入研究室，在科学的海洋中"探险"。那时我自认基础薄弱，一度担心教授会因为自己对化工领域一无所知而不满。但短短一年内，那个当初只会用 Excel 画图的我已经独立完成了一项课题，并撰写出论文等待发表。老师也惊叹于我的科研天赋，但其实，我并非有任何过人之处，唯一能做到的就是坚持自己的兴趣。

》 化雨入梦结硕果 《

我习惯提前规划自己一周的工作，因为这样可以让自己做事更有条理。每个课题开始前，我都会构建研究框架，搜集实验方法，预设实验结果，最后与导师商讨，"谋定而后行"。无数个日夜，我埋头于实验探索之中。在投稿过程中，我曾为审稿人对课题的不认同在夜里委屈地哭泣，也曾因为几句简单的夸奖而高兴得难以入眠。我享受利用短短一个月争分夺秒补充实验的紧张以及第

一篇论文被采纳时的喜悦。然而开心只是一时的，只稍做调整，我便又开始了下一阶段的工作。对于我来说，成果只意味着某一阶段的成功，在那之后更应该合理地评估自己的水平，衡量自己与理想目标之间的距离。

之后的日子里，我以第一作者的身份在国内外期刊上发表学术论文 7 篇，其中 SCI 一区杂志收录 3 篇，SCI 二区杂志收录 2 篇，SCI 三区杂志收录 1 篇，CSCD 中文核心扩展收录 1 篇，累积影响因子超过 30，并具有一定的国际影响力，其中单篇文章最高引用量已过 30 次。此外，我参与国家自然科学基金 2 项，主要负责横向课题 1 项，连续两年获得国家奖学金，并荣获学校研究生"十大学术成就奖"。

》 踏月圆梦诚可期 《

除了实验研究，我也热衷于参加各种学术交流活动，无论是作为主讲人还是听众，我都乐在其中。学术活动聚集了一群拥有同样梦想和兴趣的学者，大家一同发现，共同探讨，这对于我来说，就是另一个实验室。通过交流得到的启发，是我学术路上不可或缺的宝贵经验。作为博士生会副主席，我分管学科建设与学术发展方向的工作，组织举办了多场相关学术活动。2018 年，我作为主要工作人员参与了西南石油大学举办的四川省第十届硕博论坛能源类分论坛的组织与协调工作。此外，我多次参加国际学术会议，先后作为主讲人出席日本北海道举办的国际气体放电会议（ICPIG）和韩国济州岛举办的亚欧等离子体表面工程国际会议（AEPSE），并获"AEPSE 学生奖"。在国际会议中，我有幸遇见了来自世界各地的科学研究者，了解了更多领域的研究情况，碰撞先进思想，寻找科研灵感。

从 2011 到 2019 年，我在西南石油大学度过了八年的时光。对于每一个人来说，在校园里的时间长度是固定的，可是校园经历与生活的深度和广度是无限的。我用兴趣播下了一粒梦想的种子，用心栽培，渐渐地，它在石大的校园里，生根发芽，枝繁叶茂。

搏击长空，不忘少年梦想

人物名片：

焦博新，西南石油大学新能源材料与器件2017级学生。大二期间获中国大学生工程机器人大赛全国一等奖及省级一等奖、三等奖，第五届河北省"互联网＋"创新创业大赛银奖，牵头省级科研课题1项，成功申报国家专利6项。2019年创立河北子马科技有限公司并实现成果转化1项，同年赴美国加州大学洛杉矶分校（UCLA）访学。

》 初入大学，挖掘少年时深埋心底的梦想 《

我来自河北石家庄，自幼便喜欢钢琴，如今，我学习钢琴已经有15年的时间了。出于对钢琴内部结构的好奇与探索，我喜欢上了机械，又由于对机械的喜爱，喜欢上了机器人。

2017年9月，我来到了西南石油大学，刚入学的我与其他同学别无二致，每天的行程皆是"寝室—教室—食堂—寝室"，对于自己的未来，有梦想却没有明确的道路。不过渐渐地，我心底那股梦想的火苗开始燃烧起来。

2018年6月,我加入了西南石油大学创客实践班,由于专业不对口,我总是会遇到诸多难题,于是我充分利用暑假和课余时间苦学 Arduino 编程、机器人电控和自动化控制等 20 余门课程。经过 4 个月的苦学和练习,2018 年 10 月,我带队代表西南石油大学参加第三届四川省大学生机器人大赛,自主设计了全地形工程越野项目,以 1 分 50 秒的满分成绩打破赛道全国纪录,击败了来自四川大学、西南交通大学等学校的近百支队伍并荣获四川省一等奖。同年 11 月,我带队参加第六届全国大学生工程训练综合能力竞赛,获得了三等奖。

2019 年 4 月,经过长达半年的艰苦准备,我作为队长代表西南石油大学远赴广东,参加 2019 ROBOWORK 中国工程机器人大赛暨国际公开赛。面对比赛场地与训练场地严重不符的困难,我顶住压力,终于不负众望,战胜了清华大学、苏州大学、解放军理工大学等数百支队伍,并获全国一等奖、西南地区总冠军,延续了西南石油大学在该项赛事连续三年取得全国一等奖的好成绩,奠定了西南石油大学在全地形机器人领域的"西南霸主"地位。

》 循序渐进,坚持成长时雕刻心中的信念 《

在研究竞赛级机器人的同时,我还在进行智能体育产品硬件的研究。我从小就和父亲一起打乒乓球,每次结束后捡起散落满地的乒乓球都累得人直不起腰。所以在创客实践班选拔考试中,我提出设计一款"乒乓球自动拾取机",可以自动捡起散落的乒乓球。

进入创客实践班后,我开始了拾取机的研发工作,在实验室经常一待就是一整天。材料不够,我就东拼西凑去借;设备不会用,我就自学激光切割机和 3D 打印机等设备的使用方法。终于,经过 3 个月的艰苦奋战,我成功研制出了一款"乒乓球自动拾取机",使乒乓球场地的捡球效率提高了 300%,超过市面上绝大多数的拾取设备。经过 10 个月、300 多天的不懈努力,我终于成功研制出了四代模块化"乒乓球拾取/发射系列产品",使捡球效率提高了近 500%,是目前可购买的乒乓球拾捡效率最高的装置,项目预估产值超过 800 万。

2018年12月到2019年4月，我以第一发明人的身份成功申报了两项国家实用新型专利；连续两届获西南石油大学开放性实验一等奖；以第一作者的身份发表了2篇学术论文，其中1篇被核心期刊收录；作为负责人获批四川省创新科研课题1项；2019年获得石家庄海诚文化传播有限公司11万元人民币的研发资助。

2019年6月，我受邀赴美到加州大学洛杉矶分校（UCLA）访学，访学期间代表西南石油大学以"太阳能跨路停车充电站"项目参加美国加州大学洛杉矶分校BIMC创新创业大赛，击败了包括加州大学伯克利分校（UCB）、复旦大学、北京交通大学在内的国内外数十支顶尖大学代表队，并荣获一等奖。

》 不忘初心，点燃青年科技创新燎原之火 《

2019年2月，我于家乡石家庄成立了河北子马科技有限公司，直接对接西南石油大学工训中心创客实验室，目前已经实现科技成果转化一项。

在2019年3月到6月的三个月时间里，我以第一发明人的身份完成了9项国家专利设计，成功申请了6项实用新型专利。我希望可以带动更多的同学投入科研，于是联合工训中心于2019年举办了两期专利讲座分享会，受众达数百人。大二期间，我带领数十位同学进入机器人研发、fischertechnik、实用专利设计等科研领域，受任负责创客实验室管理工作，指导其他同学顺利完成开放性实验20余项，获省级一等奖3项、国家级三等奖1项。于我而言，带动更多的同学进入科研领域是一件值得自豪的事情，是传承石大精神、展示石大人风采的一种理想方式。

人生须乘长风破万浪

人物名片：

陈富秋，西南石油大学计算机科学与技术2017级学生，曾任校纪检部委员、院党员工作站主任等职务。曾获国家奖学金、优秀学生特等奖学金、一等奖学金；获大学生数学建模国赛二等奖、计算机设计大赛省三等奖、蓝桥杯程序设计大赛省三等奖、"睿智杯"大学生数学竞赛校三等奖、全国大学生英语竞赛二等奖、第五届"互联网＋"创新创业大赛校赛银奖；参与校级开放性实验3次，计算机科学学院"蓝桥杯"立项2次。

》 初识，创业想法萌芽 《

进入大学之前，我对创业的概念很模糊，对它的理解仅仅是通过电视节目中成功创业人物的采访报道得知了他们的创业故事。创业者来自各行各业，处于不同的年龄阶段，有着不同的身份地位，但他们的共同之处是都有一颗对创业一成不变的心，对创业的执着始终是他们心中最坚定的信念。这些故事都或多或少地影响了我，我心中对创业充满了一种莫名的感情，我不禁好奇，究竟什么是创业，一个人又该如何创业。

大一进校后不久学院便通知，创新创业学院计划组织召开第二届创新创业"精英班"培训，怀着十足的好奇心，我鼓起勇气报名参加了此次活动。首先是考核面试，当时我还很犹豫，不知道该怎么去展示自己，但我还是鼓起勇气，勇敢地参加了面试。还记得当时的问题是："进校到现在你觉得自己做过的最有意义的事情是什么？"当时我回忆起了进校后的点点滴滴，讲述了自己为了加入学生科技团队每天坚持打卡、虚心学习的种种。老师肯定了我的坚持与认真踏实的态度，最后，我顺利通过了面试，当被告知接下来将参加"精英班"的培训时，心里不禁莫名地激动。

》 探索，成功结果不易 《

接下来的日子里，我们被分配到不同的班级学习，我们的老师是经济管理学院的一位辅导员。老师向我们展示创业人物的案例，并分析他们成功的原因以及我们可以从中借鉴些什么。每堂课下来，我都受益匪浅。学完理论课后，我们被分为几个小组，老师让每个小组讨论一个可以切入的创新点，从身边的事件出发，去寻找适合创业的点子。最初我们小组没有任何头绪，只有不断地查阅资料，借鉴别人的故事。研究了一周左右，我们终于定下来了一个方案，做一个吃喝玩乐推荐的 App，为此我们分工合作，不断修改团队的策划方案。

终于到了汇报交流的时候，每个小组轮流上台讲述自己的想法和方案，阐述方案的创新点和可行性。所有小组讲述完毕后，我们本以为老师会对我们的方案予以肯定，但是老师若有所思，紧接着对我们说了一番话："在座的各位同学，你们的想法都挺好，但是不足的就是你们的思维都太受局限了，或多或少都是借鉴别人已有的成果，这就没有创新的意味在里面了。"的确，我们虽然每天都在接受各种新鲜事物、新鲜的概念与文化，但是当需要自己作为新鲜事物的发起者时，却没有一丝头绪，这正是我们的不足与缺陷所在。

经过此次小组活动,虽然我们的方案最终没有被采纳,但我们还是收获了许多知识。此外,此次小组合作也让我们对创业有了全新的认识,创业不能一蹴而就,而是日积月累,积跬步以至千里,经历了无数日夜,花费了多般心血换来的。

》 实战,不断打磨作品 《

最后,经过半个学期的学习,我终于从"精英班"顺利结业,此次学习让我对创业有了更为清晰的认识与了解,也希望自己有一天可以像他们那样,拥有属于自己的创业佳话。大二学年,学院组织参加计算机设计大赛,我们和研究生师兄成功组队,顺利敲定了编写一个系统,用于智能检测人类脑电波中的癫痫疾病信号,帮助医生解决查看报告费时费力的问题。组队之初我们发现,在当今智慧医疗盛行的社会背景下,医院需要各种智能化的检测以协助医生完成诊断,以此提升群众的就医体验,也可以极大地提高医生的诊断效率。敲定目标以后就要着手展开实施方案,我们亲身前往医院咨询癫痫疾病诊断领域的医疗技术现状,哪些是当务之急,医生和病人的需求是什么等,我们都一一做好统计,并汇总情况,做了数据分析。最后,我们顺利确定了设计系统的初步功能,针对具体功能去网上寻找相关算法,学习编写程序。经过长时间的合作与实地调研,我们研发出了初期产品,并且测试了部分功能,之后还顺利参加了四川省计算机设计大赛并获得了三等奖。此后,我们的热情更加高涨,不禁萌生了参加第五届"互联网+"大学生创新创业大赛的想法,最终我们参加了校赛并获得了银奖的好成绩。

创业,作为实现人生价值的一种方式,值得我们所有人去尝试,尽管途中会有意想不到的挫折与磨难,但在无数个日夜的坚持下,终究会柳暗花明。为此,我们需要有坚不可摧的信念,铭记初心,砥砺前行,相信自己终究会获得成功!

打造专属于自己的学习生涯

人物名片：

汪尧，西南石油大学地质资源与地质工程2017级博士研究生。曾获四川省优秀毕业生，毕业论文获中国岩石力学与工程学会优秀毕业论文，在读期间获博士研究生国家奖学金2次，研究生一等学业奖学金5次，王涛英才奖学金，西南石油大学"十大杰出研究生"和"十大学术成就"等荣誉。博士期间主要开展岩石微观结构表征等研究工作，作为主要研究人员参与课题组科研项目6项，基于研究成果，目前以第一作者/通讯作者共发表期刊论文11篇、会议论文5篇，公开发明专利7项。以项目负责人身份带领团队获得全国能源类创新创业大赛全国银奖和"互联网＋"大赛四川省铜奖。目前在加拿大阿尔伯塔大学访问学习。

》 历练，从本科到博士 《

2011年，我以并不理想的成绩进入大学，开始了本科阶段的学习，但高考的滑铁卢并没有磨灭我的斗志，反而更加坚定了我在大学校园中努力的决心。

一树百获
——创新创业人才风采集锦

不懈的努力换来四年后本科毕业省级优秀毕业生、优秀毕业论文和推免研究生等诸多荣誉。进入研究生阶段之后，我始终对学习和科研保持着昂扬的热情，能够较好地平衡个人生活与学习科研之间的关系。2017年，经过慎重考虑，我做出了硕博连读的决定，并开始了博士阶段的学习，于我而言，这是一段不平凡的经历。

自本科毕业设计开始，我就一直跟随导师刘建军教授学习。在刘老师的教导下，我从本科毕业时的一个科研"小白"逐渐成长为一个能够独立承担科研项目的课题组研究骨干。从硕士阶段开始，我的工作主要聚焦于岩石微观结构表征及微尺度模型重建的基础研究。借助高精实验仪器，窥探岩石内部复杂微观世界的美丽。在我看来，"一石一世界"就是对岩石微观结构最贴切的描绘。正是因为拥有良好的科研习惯与高度自律的学习习惯，到目前为止，不论在课程学习还是项目研究上，我都取得了较为不错的成绩。读博两年来，我的综合成绩连续两年排名年级第一，以第一作者/通讯作者共发表期刊论文11篇，其中SCI二区收录1篇，三区收录2篇，四区收录1篇，EI收录4篇，CSCD核心2篇，另有1篇文章AAPG（SCI二区）返修中，会议论文5篇，申请发明专利7项。同时作为主要研究人员参与到课题组的多个科研项目中（以国家重大专项和国家自然科学基金为主）。之后，我又收到了加拿大阿尔伯塔大学的邀请函，以访问学者的身份赴加开展为期半年的合作研究。

》 奋进，把握生活旋律 《

博士阶段的学习任务固然繁重，但"实验室—食堂—寝室"的"三点一线"并不是我的既定生活模板。我爱好广泛，尤其喜欢跑步与踢足球。学校的足球场是我课余时间最常出现的场所。作为院研究生足球队队长，我曾带队于2017、2018年蝉联院足球联赛冠军；爱好跑步的我已经记不清自己曾多少次在晨光熹微的清晨和月朗星稀的深夜用脚步丈量整个校园，马拉松赛场上也有我流下的汗水。我想，正是持之以恒的体育锻炼给了我强健的体魄，让我可以自如地应对高强度的科研任务。学习工作之余，作为博士班团支书以及博士生会成员，我也积极参与班级和博士生群体的学生工作。同时，我也参与组织各类科研讲座和学科竞赛，曾作为项目负责人带队参加各类创新创业大赛和学科竞赛，获"能源·智慧·未来"首届能源类大学生创新创业大赛全国银奖和第五届"互联网＋"大学生创新创业大赛四川省铜奖。

科研是我博士阶段学习的主旋律，但我也深深知道，要成才，先成人，过往的荣誉是我成长路上的最好见证，未来才是我要一直努力的方向。不恋过往，不惧将来，在挫折中进步，在责任中成长，带着梦想与期望，我一直在路上。

努力而不功利

人物名片：

石静，西南石油大学资源勘查工程 2014 级学生，南京大学 2020 级博士研究生。在校期间获优秀共产党员称号，曾被评为十佳三好学生、优秀学生干部、优秀三好学生、优秀团员和优秀团干部。四川省优秀毕业生，李四光优秀学生奖提名。获国家奖学金 1 次，校长奖学金 1 次，神开德贵企业奖学金 1 次，西南石油大学优秀学生特等奖学金 4 次、一等奖学金 3 次，全国大学生数学建模竞赛全国二等奖，第五届"东方杯"勘探地球物理大赛全国三等奖，第二届全国油气地质大赛（综合组）全国三等奖，第二届全国油气地质大赛（单项组）优秀奖。成功结题省级创新创业项目 1 项、校级科研项目结题 2 项，论文被 IEEE 收录 1 篇。2 次参与法国道达尔石油公司培训，获得学业资格证书。

>> 踏过荆棘，不忘初心 <<

大学四年最难忘的经历，莫过于参加全国大学生数学建模竞赛。我与段景、晖晖一起准备了将近一年的时间,这一年里,我们参加过无数次模拟,熬过无数个通宵。临近比赛时,作为队长的我正在广元旺苍进行专业实习,单边路程需要花费将近 8 个小时。我向实习带队老师请假时,老师是拒绝的。再三犹豫之下,我还是选择回到学校参加比赛,因为我明白,这是一种责任,对于队友与自己的责任。三天三夜的比赛结束后,我又回到了实习基地继续实习,躺在床上,心里更多的是坦然,因为我知道自己尽力了。正是这样,通过不懈的努力,最终我们获得了全国二等奖。我再一次深刻地感受到,人要努力而不功利,努力的人,运气一般都不会差。

之后,我还参加了一系列的比赛,力图在学好本专业的同时也能真正应用本专业的知识,并获得了第二届油气地质大赛(综合组)全国三等奖、第二届油气地质大赛(单项组)优秀奖、第五届"东方杯"全国大学生勘探地球物理大赛全国三等奖、第四届全国大学生地质技能竞赛西南石油大学赛区二等奖。除全国大学生数学建模比赛外,还获得了美国大学生数学建模竞赛三等奖、西南石油大学数学竞赛二等奖、西南石油大学数学建模竞赛三等奖、西南石油大学物理实验竞赛三等奖、西南石油大学第八届大学生计算机设计大赛三等奖等。在比赛的过程中,我真正地发现了自己的兴趣。最终,我结合本科时期所学知识与数学建模过程中学到的相关编程技巧与科研流程,成功申请了南京大学硕士研究生,并在研二期间硕转博,成为南京大学的一名博士研究生。

》 牢记理论,结合实践 《

在科学研究方面,我深知"纸上得来终觉浅,绝知此事要躬行"。作为一名大学生,将知识融入实践最有效的方式,便是参加课外的开发性实验。我负责的校级重点开放实验项目"基于三维室内定位系统的研究"顺利通过验收,并获得二等奖,同时也被推荐成为四川省创新实验项目。此外,我还成功申请了四川省创业项目"Seis2A 地震属性分析系统"。基于研究成果,我作为学生第一作者申报发明专利一项,其中一篇论文被 IEEE 会议收录,并受邀参加

Ubiquitous Positioning Indoor Navigation and Location-Based Services International Conference 做学术汇报。此外，我还参与了道达尔石油公司培训并顺利结业。在社会实践当中，我作为队长，成功组织了两支社会实践团队赴乐山大佛进行文物保护宣传，并对政府精准扶贫工作进行了调研。

　　脚踏实地地积累课堂知识，认真准备每一次比赛，积极组织与参与班级的每一次活动，这一切在锻炼了我坚韧的品格与不屈的意志的同时也让我懂得，在未来的路上，只要保持一颗学习的心，便能够取得属于自己的成功。只要剑指星辰，即使错过群星，也至少能坠落云端。

路漫而修远，吾将求索之

人物名片：

苏成鹏，西南石油大学地质资源与地质工程2017级学生。本科期间曾任启航创业者协会副会长，硕士期间曾任地理科学学院硕士班班长兼党支部副书记，博士期间曾任博士班学习委员兼校博士生会学科部委员。获国家奖学金2次、国家励志奖学金3次、研究生学业奖学金6次（5次一等）、本科校级奖学金7次（4次一等）、王涛英才奖学金、华油能源奖励基金、四川省优秀毕业生、十大杰出研究生2次，优秀三好学生2次，优秀研究生，优秀研究生干部，优秀共产党员2次，第二届"互联网＋"全国大学生创新创业大赛四川省银奖、飞翔奖—学术科技入围奖、飞翔奖—自强创业入围奖、校级乒乓球和羽毛球比赛二等奖各2次。

》 先见风雨，方明彩虹 《

成长犹如破茧成蝶，是一个不断突破、不断超越自我的过程，人生就是这样，注定要经历破茧时的艰辛，才能见到风雨后的彩虹。

一树百获
——创新创业人才风采集锦

2014年9月，我成为西南石油大学的一名研究生，但准确来说，我的研究生生涯从2013年7月踏进地进科学学院谭秀成教授碳酸盐岩实验室的那一刻起便已经开始了。那年暑假，在导师的指导下，我于重庆涪陵白涛镇进行了为期一个月的野外工作，这也是我随后的本科毕业论文的灵感来源。整个8月份，我基本每天都埋头于浩如烟海的文献，并定期就所读文献进行汇报，我渐渐领悟到，研究生究竟是学什么，科研究竟是做什么。

中国科学院院长路甬祥曾经说过："大凡在近代科学上能独树一帜，在理论上有重大发现，在技术上有划时代发明创造的卓越科学家和发明家，往往都十分重视在哲理思维引导下的科学思维，并在科技方法论上显示了新颖独特的风格。"到了研究生阶段，我们不仅要顺利毕业，拿到学位，更要培养自身的理性和逻辑思维，以及更强大的独立思考能力、创造力和想象力。于是，我渐渐学会了在阅读文献时多问几个为什么，提出属于自己的问题。

研究生学习和科研期间，我一直从事碳酸盐岩储层地质学相关研究工作，在谭秀成教授、李飞副研究员及团队老师的指导下，我的科研能力和综合素质有了很大的提升，共涉及油田横向科研项目11项、国家自然科学基金2项。其中参与完成3项，作为主研人员完成6项，独立承担4项。共发表学术论文16篇，其中SCI 3篇（二区2篇，三区1篇），EI 1篇，CSCD核心12篇。下面就我自身的科研经历，谈几点科研体会。

运用逻辑思维进行研究，追根溯源，抓住事物本质。在科研中，除了研究前进行知识储备，在进行实验实践研究时，还必须通过逻辑思维对所获得的结果进行客观分析，只有这样，才能抓住事物的本质，有效推动此领域科研的发展。胡朝元等地质学家指导我们要运用科学思维，透过现象看本质，只有抓住本质机理，研究才能实现质的突破。

事实积累与理论思维相结合。麦凯维在《勘探研究前沿——基本原理综观》一文中指出：研究人员通过采集的新数据资料的数量和由解释这些数据资料获得的新知识来量度其研究的价值。因此在学术研究过程中，我们应特别重视反复调查，尽可能多地掌握事实，避免提出一些没有充分事实依据的理论。

突破惯性思维，实现思维超越。在科学研究中，任何理论研究都要有科学的实验验证和模型做推导，不能被惯性思维束缚，更不能扩大任何一种方法的适用范围，当外界条件改变时，一定要重新进行理性的科学分析与研究。因此，要在成果上创新，事业上突破，就必须实现思维的超越。

》 交流分享，自我突破 《

在导师的鼓励下，我不断进行自我提升，多次登台演讲，参加国际、国内会议十余次，如国际沉积学大会、国际古地理会议、国内沉积学大会、国内古地理与沉积学会议等，并获优秀论文奖两次。此外，良性竞争也是对知识进行涤荡的另一种方式。在科研之外，我还积极参与科技创新活动。记得参加第二届"互联网＋"全国大学生创新创业大赛时，为了完成比赛，队员们常常通宵达旦。这些科技竞赛活动不仅培养了我的创新精神，更进一步锻炼了我坚持不懈的精神以及参与团队合作的能力，通过学科间的交叉，也往往会收获意想不到的体验。

当今社会需要的是"T"型人才，即"一专多能"，既能攻克科研问题，又能参与社会实践。因此，在积极参与学习科研的同时，我还热心参与实践工作。本着为同学服务、为院系服务、为学校服务的宗旨，我认真负责地完成班级的各项任务，积极主动地承担各项应尽的职责，当好老师与同学之间沟通的桥梁；同时还协助筹办四川省第十届硕博论坛、西南石油大学博士生论坛等活动。对于每一件事，我都全力以赴，尽心尽力，做到对得起自己，不留遗憾。此外，我还作为辅导老师赴重庆北碚指导本科学生参加地层、沉积、构造实习。

"路漫漫其修远兮，吾将上下而求索。"成长路上，只有坚守内心，不畏困难，才能拥抱最美的明天，因为"不经历风雨，怎能见彩虹"！

创新创业之三个理论

人物名片：

张樱弋，电气信息学院控制工程2017级硕士研究生。硕士期间以学生第一的身份发表SCI二区论文1篇，在审SCI三区论文1篇；已公开发明专利2项，实用新型2项，软件著作权3项；参加国内学术会议2次；积极带头参加创新实践竞赛，获第十四届中国研究生电子设计竞赛西南赛区二等奖、第五届"互联网＋"全国大学生创新创业大赛校级铜奖；参与多项科研课题研究，并主持1项省级项目；协助指导本科毕业论文4篇，指导开放性实验重点项目1项；获国家奖学金1次，研究生学业奖学金3次；获西南石油大学"优秀研究生""优秀毕业研究生"称号。

》 "砸核桃"理论 《

"想吃到美味的核桃，唯有砸开它！"这是汪老师常说的"砸核桃"理论。对于学术训练而言，对一个问题一定要深入思考、挖掘和剖析，直至拨开云雾见青天。初听时，我有着各种不解。然而，从进入实验室拟定学习计划，确定研究方向，到一步步完成论文写作，进行课题申报，攻克一个个难题，最终项目顺利结题，其中的点点滴滴，让我对该理论有了更多、更深入的理解。研究生阶段，必须通过严格的学术训练培养自己坚毅的科研品格，并掌握一定的思考分析问题的方法和能力，这种品格和能力会让我们受益终身。

"八小时之外见差别，真正做出成绩的，都是八小时之外仍然刻苦努力的人。"只有在自己真正流过泪，流过汗，最后收获成果时，才最能体会这些话。入学两年来，我在汪老师的带领下取得了多项成果，每一篇论文、每一项奖励、每一张证书，背后都凝结着无数汗水与心血。尤其是 SCI 论文，从实验设计到数据分析，从论文撰写到投稿，从解决一个个难题到最后的接收录用，一步一步，都需要脚踏实地。

研究生入学以来，我深刻地体会到了"科研不易"的真正含义。录取后，我便进入实验室学习，从打基础到写好第一篇论文的初稿花费了九个月时间，我相信，努力从来不会白费，挥洒的每一滴汗水，终将以另一种方式回馈。在写第二篇论文的时候，我便多了一份耐心与坚定，牢记经验教训，力争做到深入理论。写作期间，我花费了大量时间在查阅文献、扩展实验、论文润色上，但从起草到接收，前后不过一年时间，一次就被 SCI 二区期刊录用，该期刊位居 JCR Q1，影响因子 4.098，并于两个月后顺利出了 WOS 检索号。学业如此，人生亦如此，做任何事情，都会面临一个未知的核桃，如果总在核桃表面逛来逛去，那永远也吃不到。唯有具备勇于砸破核桃的勇气和能力，才会让我们不断超越自己，取得一个又一个成功。

》 "以赛促学"理论 《

"你们的时间多宝贵啊，现在有这么多以赛促学的机会，和我们以前完全不同了。现在这个时代，你越努力，就越拥有无尽的空间和潜力，就能看到不一样的风景。这是汪老师提到的"以赛促学"理论：以赛促学，培养创新创业

——创新创业人才风采集锦

生力军；以赛促教，探索素质教育新途径；以赛促创，搭建成果转化新平台。听到这些话时，我如醍醐灌顶，豁然开朗。

于是，经过尽可能周全的思虑与各方面的考察，在与其他学院同学的合作中，我们成功地将机器学习算法与机器人的功能相融合，结合油气管道检测中面临的标注数据资源匮乏的背景，参加了系列创新创业大赛，同时申报了教育部产学合作协同育人项目，促进科研成果的有效转化。

最初我们没有任何经验，甚至不知道学院为保障学生参加竞赛提供的设施资源，一切从零开始，一步步探索。萌生一个小小的想法就及时查阅资料，判断能否进行深入拓展，寻找创新点与结合点，就这样添砖加瓦，搭建高楼。竞赛期间我们也总是会碰到各种困难和困惑，调试总是报错，该如何选择？电赛时的疏忽，也让团队有了挫败感。但无论什么困难，我们团队都会一起面对，共同解决，好像事情也就顺理成章变得容易起来。一次次困难，一次次喜悦，一次次超越自我，这其中少不了团队的陪伴。参加比赛需要团队同心，我们要牢记"木桶理论"，兼顾每位队友，充分挖掘个人潜力，实现均衡发展。

很庆幸，经过一番努力，团队获得了第十四届中国研究生电子设计竞赛西南赛区二等奖，第五届"互联网＋"全国大学生创新创业大赛校级铜奖。但由于我们资历尚浅，不足之处还有很多。第六届"互联网＋"大学生创新创业大赛中，我队再接再厉，顺利进入了第一批优质项目训练营，在专家老师的指导下做出了较多改进，争取到了角逐省赛的资格。我相信，经过大家的努力，我们一定能将这个项目做大做强。

与参加竞赛一样，科研创新的基础也需要阅读大量的文献，多听学术报告，多与同行探讨，从中获得启示。在文献调研时，我们首先总结该研究领域中争论性很强的问题，反复比较不同的研究方法和结论，将这些方法进行拆分或组合，从中发现切入点。在文献调研过程中，我们的头脑中往往会出现很多灵感，但通常情况下这些想法其他学者也能想到，有些甚至早已提出了相应的解决办法，这时便需要我们总结该领域内尚未探讨过但很有意义的课题。此外，要善于抓住科研过程中遇到的难以解释的问题，细致地拟订方案，论证其可行性。参加学术会议、听取学术报告，不乏为一种了解研究领域现状及潮流的捷径。在听报告的过程中经历思维碰撞，开阔眼界，或许会有另外的收获。

≫ "自警自省，自知自励"理论 ≪

"感激失败，感激成功，感激批判和挑战，感激掌声和鼓励。我最幸福的事情，就是看着你们自警自省，自知自励，看着你们慢慢成长！"这是老师的"自警自省，自知自励"理论。不论是写文章还是参加比赛，我们都要保持坚强，善于协调各方，均衡团队的资源分配，妥善解决矛盾冲突。面对阻力时每个人都会焦虑，对此，我时常借助外界的力量快速地消化负面情绪，让自己保持清醒。学业上的困惑找老师解答，生活上的困惑找父母倾诉，或者跟朋友或队友聚一聚，大家一同欢乐，忘掉烦恼。总之，多倾诉，多排解，以积极向上的心态面对生活，难题便会迎刃而解。当然，成功了，也要保持清醒的状态，而不能停下脚步，满足现状，因为只有一直往前走，才能见到更美好的风景。

感谢遇见，感恩石大。经过研究生近三年的努力，我各方面的能力都有了大幅度的提升，对自己充满了信心。十分感谢学校提供的平台和资源，在这里，或许不是千里马的我们，依然遇到了伯乐，一路走来，被倾心扶持，被尽心栽培，何其幸运。

虽行小事，但汇大义

人物名片：

吴金斌，西南石油大学法学院社会工作2015级硕士研究生，"小童大义"社会工作服务团队创始人，香港"土房子"慈善机构四川地区项目主任，全球《财富》论坛四川省成都市合江亭片区外语翻译志愿服务小组组长。曾获第五届中国公益慈善项目大赛银奖、第八届中国社会工作大学生论坛暨首届MSW论坛研究生组论文二等奖、四川省第三届大学生公益项目金拇指创新大赛"金拇指"奖，获中国社会工作研究中心颁发"第三届林护杰出社会工作学生奖""西南石油大学优秀毕业生"荣誉称号。

》 **博学于文，躬行实践，为爱前行** 《

吴金斌爱看书，从小学到高中，他看过许多超越他当时理解能力的书，他不禁开始思考人为什么要活着、人生的价值在哪里等问题。但彼时青涩懵懂的少年尚不明其中奥秘，总觉自己被困在某处，倍感迷茫和困惑。"读万卷书，行万里路",如果没有行万里路的积累,就算看再多的书也还是会感到迷茫,严重者还有可能会迷失自我。所以,吴金斌以高考为跳板,努力跳出小县城的围墙,去看看外面的世界。

2011年,吴金斌来到西南石油大学社会工作专业学习,在实践与理论紧密结合的教学模式之下,他接触到了许多慈善机构。在老师与机构的引导下,吴金斌决定从书本的理论中走出来,用实际行动追求人生的真谛。于是,他主动参与慈善机构组织的志愿者活动,多次的专业实践让他对香港"土房子"机构的特殊学校儿童教育项目产生了浓厚的兴趣。

》 荧光照耀,指引方向,花开满城 《

每个人前进的道路上总有那么一两盏明灯,它们的光或许十分微小,却能为我们指引前进的方向。吴金斌亦有属于自己的人生明灯——导师阿佬。导师阿佬曾对他说:"以后有机会去西藏、去玉树,去看看外面的世界。"他希望吴金斌明白格局与视野对于人生发展的重要性。吴金斌十分庆幸能遇到这样一位能够带领自己看世界、指引自己人生方向的恩师。

吴金斌坚持每个月去一次金堂县特殊学校,尽自己所能去帮助那里的特殊儿童,与他们分享喜悦,倾听他们内心的声音,做他们最真诚的伙伴。通过帮助他人,吴金斌收获了巨大的自我价值感,坚定了投身青少年服务的信念。

后来,吴金斌将支援山区教育划为项目的主要服务范围,希望能为孩子们带去一点点帮助,让他们有机会在性格、心理等多方面获得更健康的成长,多去外面的世界看看,不断开阔自己的眼界。

当黑暗中的那座灯塔亮起,我们能够看见,生命中更多的可能。

》 风雨兼程,创新实践,点缀星光 《

所谓乘风破浪,披荆斩棘,不过是做别人不敢想、没有做,有意义却不易之事。一次机缘巧合,吴金斌涉足了戏剧领域,并将其引用至青少年社会工作

项目实践，收获了意想不到的成效。2014年，吴金斌牵头成立了"小童大义"团队，一群专业的社会工作青年汇聚在一起，致力于帮扶青少年成长，团队具有鲜明的公益慈善特色和强大的核心竞争力，形成了一套专业而成体系的剧场理念和操作方案，并且通过剧场这种新颖的方式获得了持久的活力和生命力，在全国范围内开展青少年服务百余场，在中国青少年成长公益事业中绽放出了属于自己的闪亮星光。

团队项目得到了香港理工大学的支持，获得了成都市民政局社会补助，获得了中国扶贫基金会公益路同行项目组、施永青基金（香港）北京代表处、香港社区伙伴基金、爱佑慈善基金会·米公益、广州市天河区米公益社会工作服务中心等诸多公益组织的支持，多年从事社工理论研究的专家学者、具备多年社会工作实务经验的资深香港社工督导和一群致力于服务弱势社群的社会工作专业硕士研究生、本科生纷纷融入这样一个热血的精英团队之中。2015年，团队获第五届中国公益慈善项目大赛银奖，并受邀参加第五届中国公益慈善项目交流展示会，吴金斌也获得了中国社会工作研究中心颁发的第三届林护杰出社会工作学生奖。2016年，"小童大义"团队获"智慧杯"全国大学生公益创新大赛优秀组织奖。2017年获全国学业公益项目挑战赛二等奖，团队受邀参与微辣青年全国公益领袖营（成都站）。

经过长达四年的摸索，"小童大义"团队得到了社会的广泛支持和认可，"小童大义"社会工作服务中心于2018年正式成立，吸引了一大批人才和优质资源的加入，得到了香港理工大学的倾囊相助和鼎力合作，更得到了成都市新都区社区和关爱儿童组织以及爱心人士的加入和壮大。2019年，"小童大义"社会服务中心成功入选成都市社会组织发展专项基金支持项目。

"任何研究工作都应该有所创新。创新的基础，一是新概念的指导，二是新方法的突破。"吴金斌践行人本主义关怀的价值理念，融合戏剧、文字出版、影像、音乐等多元艺术，开创性地融剧场于社会工作中，巧妙地将戏剧理论教育应用于儿童青少年服务中，强调戏剧理论和青少年社会化的关系，以及将其引入青少年服务工作的重要性。被问及为什么要以戏剧形式改善弱势社群的生活及教育情况时,吴金斌如是说:"我们的定位是做山区教育,以这样喜闻乐见的形式可以激发偏远地区孩子们的参与积极性,帮助他们进行自我发掘与探索,同时我们更愿意以朋友的身份在活动中与孩子们尽情交流,倾听他们内心的声音。"

路漫漫其修远,前途的困难与阻碍在当下也有所显露。创始人吴金斌意识到,目前只以志愿者服务队伍为主是远远不够的,还需要时间的沉淀、团队的稳定、理念的成熟和人员的成长。

谈到经验,"小童大义"团队信心满满。一方面,由于团队最初是以社会工作专业学生的培养为目的,学生资源会源源不断地补充进来。另一方面,与香港理工大学合作,共同参与成都的项目孵化。而这一切的努力和汗水都源于团队成员心中的愿景,相信这份真诚必将使整个团队目光更坚定,羽翼更丰满,脚步更稳健,相信未来,"小童大义"团队定会拥有更多的精彩,收获更大的舞台。

行小事,汇大义。"小童大义",照亮更多人的未来。当黑暗中的那座灯塔亮起,我们看见生命中更多的可能,懂得施比受更有福。

以情怀赋诗，歌一曲青春

人物名片：

杨小江，西南石油大学社会工作2018级硕士研究生，成都市新都区乐福社会服务中心负责人。曾获西南石油大学"优秀团员""优秀青年志愿者""优秀三好学生""优秀学生干部"等荣誉称号；获西南石油大学优秀学生奖学金一等奖3次，二等奖学金2次；获川西水利奖学金1次；获成都市锦江区社会组织发展基金会"社工成长营"结业证书；获成都市锦江区社会组织发展基金会"金拇指"大赛优秀奖。

》 怀揣梦想，将青春融入社工 《

社工的真正可贵之处，不在于他们能做什么惊天动地的事，而在于那份恒定而真诚的坚守与执着，以及那份永远愿意为促进和谐贡献自己一分力量的热忱与赤诚。在我们身边便有一位这样的优秀社会工作者——杨小江，他怀揣梦想，将自己的青春与热情尽情挥洒在自己的岗位上。

从最初的志愿到后来的职业，从起初的一片空白到如今的硕果累累，杨小江带着满腔热血，坚守着自己的社工梦。过去的几年里，他参与执行了"医路同行"癌症患者支持计划项目、"聚益新军"社区营造项目、白塔路社区自组织"加油站"、花园街社区特殊老人精准服务、新民街社区"每月'益'汤"精准服务项目，同时还负责了"发现文庙之美""困境儿童救助"项目。2017年，杨小江进入小草公益服务中心担任核心志愿者，经过一次次的斡旋和一次次的院落会议，最终成立了三个居民组织，吸引了近30名居民长期参与到社区志愿服务中。与此同时，杨小江还完成了科研项目1项，并发表了论文《社区治理语境下老年人的获得感：内涵、意义及影响因素》。

2018年，杨小江顺利考上了西南石油大学社会工作专业研究生，并牵头成立了乐福社会服务中心，成为一名职业志愿者——社会工作者。机构自成立以来，先后服务社区居民千余人次。就这样，他一直坚守在志愿服务的道路上，朝着心中的方向不断前进。

》 志之所向，愿满人间 《

2014年左右，杨小江经常参加各种各样较为零散的志愿者服务活动，如校内的校园清扫志愿活动、"雷励锋行"青年志愿清扫活动；校外的新中社区志愿服务活动、金堂特教学校志愿服务活动、锦江区第二期社工大学生成长营、正好机构大丰居家养老志愿服务活动等。在新中社区，他连续两年担任社区厨艺大赛志愿者、同月生日晚会志愿者，担任一次中秋国庆双节同庆晚会志愿者。暑假，他又参加了社区四点半课堂项目，辅导孩子们的作业，带着孩子们做游戏。先后服务30余次，累计300余人次。2014年，杨小江获得了西南石油大学"优秀青年志愿者"荣誉称号。

2015年，杨小江从零散的志愿者服务转变为参加稳定、长期的志愿服务，此后，他开始接触更多的社会组织资源，包括社工机构、基金会等。在这个过程中，他接触到了社会工作最为基础和核心的职业领域。2015年9月至2016

年 7 月，杨小江带领班上同学组成了一支长期而稳定的志愿者服务团队，参与到了翱翔社会工作服务中心的医务社工项目中，在锦江区大观医院癌症科室开展了为期 7 个月的医务志愿服务。虽然服务量看上去不大，开展难度却远远超过他们之前所做的任何一个项目。由于服务对象大多躺在病床上，行动困难，他们改变了自己的服务形式，决定和病患家属一起制作同行娃娃送给病患，还一起制作树叶拼贴画、手工花来装扮病房。其中让他印象最为深刻的便是为病患制作了医院相册，记录了他们在医院的点点滴滴，希望他们回忆起这段时光时想起的不是阴霾，而是来自社会的关爱。

志之所向，愿满人间。在平凡的人间，总会有不平凡的人将爱播种，悉心灌溉，而这一切，终将开出娇艳的花。

》 职之所在，夜以继日 《

有人说，如果你爱一份工作，就会待它如恋人。有时候，你和它相濡以沫，有时候也会因为它火冒三丈，而更多时候，它让你心满意足。

2017 年 3 月左右，杨小江进入新都区小草公益服务中心担任一线社工，彼时正逢轰轰烈烈的社区营造。几个月的时间里，他和居民建立起了深厚的友谊。其间，说话声音大、性子急躁但心灵手巧的高孃成立了"高孃手工坊"，面容慈祥、性子温柔的白孃成立了"白孃互助社"，责任心强、做事认真的郭叔成立了"种子小组"。往后的几个月里，杨小江和居民团结在一起，不断学习社区营造，不断推进社区营造。

2018 年，紧锣密鼓投身研究生学习的杨小江还是耐不住对社会工作专业实践的渴望，与翱翔社会工作服务中心合作，担任了项目主管，在社区开展社区服务。五六个月的时间里，他们扎根社区，不断地鼓励居民，最终成立了两个居民自组织。也正是这段时间的实践求真，让杨小江找到了自己的职业方向——社区营造、社区治理。在项目的实施过程中，杨小江在目标社区探索形成了创新的自组织发展模式：以公共问题为导向，引导居民成立自组织；由自组织向基金平台提出议案，获取支持，接受监督，平台认识和了解问题之后，监督自组织解决问题。在此过程中，问题的解决促进了平台的升级和发展，平台又能够更好地履行监督职能，给予自组织以帮助。之后，杨小江心心念念成都市新都区乐福社会服务中心也于2018年应运而生，机构的主要服务领域正是杨小江最为热衷的社区营造和社区治理。

职之所在，夜以继日。从此刻起，青春的脚步迈出了象牙塔，踏上了这个平凡而神圣的社区服务工作岗位，坚定方向，不忘初心。

正如习近平总书记提到的，当代中国青年要在感悟时代、紧跟时代中珍惜韶华，自觉按照党和人民的要求锤炼自己、提高自己，做到志存高远、德才并重、情理兼修、勇于开拓，在火热的青春中放飞人生梦想，在拼搏的青春中成就事业华章。作为青年社会工作者，更要立足于现实，立足于本土化，立足于专业化，立足于广大人民群众，与他们一起努力，一同进步，但行好事，莫问前程。

坚定信念向前冲

人物名片：

林小莎，西南石油大学化学工程与技术2017级硕士研究生，研究方向为应用微生物，目前已发表论文2篇，其中SCI 1篇。2018—2019学年综合排名全院第一，一等学业奖学金、研究生国家奖学金获得者；获十大杰出研究生、校优秀研究生、优秀毕业生、化工院优秀学生干部称号。创办校级社团"约绘"，负责、参与院校文体活动15项，并积极投身校内外公益活动。负责国家级竞赛、项目13项。创办"EIP道远——微生物采油技术团队"。获第五届"互联网+"大学生创新创业大赛四川省铜奖、全国大学生生命科学竞赛四川省一等奖、全国二等奖等省部级以上奖励8项。

》 未来掌握在自己手中 《

我天赋不高，更谈不上聪明，却是一个信念感很强的人。经历了第一次高考失败，我毅然选择复读，终于在2013年考入西南石油大学化学化工学院就读于安全工程专业。经历了两次高考，我对学习产生了厌倦情绪，加上所学科目还是自己最不擅长的化学，所以在整个本科阶段，我投入了大量的精力在学生会和学生活动上。然而不管我的学生工作做得多出色，一看到自己糟糕的成绩单，我就会陷入深深的自我怀疑之中，直到大三认识了我的硕士导师——郑学成。郑老师博学又温文尔雅，在他的鼓励下，我坚定了自己考研的决心。备战考研的那一年，我常常白天上专业课，晚上去重修，回到家后再复习，最终我如愿以偿。

》 潜心静气，开启科研之路 《

考上化工学院的学术型硕士后，我开始了自己的科研之路。在此之前我完全没有任何科研经验，但是后来我慢慢发现，我本科阶段培养的组织能力在科研方面发挥了巨大的作用。我也由此发现，科研和考试是不一样的，考试只有一个答案，而科研却有无数种可能。我想再次感谢我的硕导，正是他对我一如既往的支持和关心，才使我有勇气义无反顾地往前奔跑。

研究生阶段，我主研国家自然基金青年基金1项、油气藏地质开发工程重点项目1项，顺利结题四川省教育厅专项项目1项；作为负责人成功申请化学化工学院助力飞翔企业项目1项，协助申请重点项目3项，并成功申请了西南石油大学研究生创新基金。

》 心怀感恩，全力以赴 《

在致力于科研的同时，我还注重实践。我根据自己的研究方向，创立了"EIP道远——微生物采油技术团队"，所谓EIP，取意为"everything is possible"；道远，取"士不可以不弘毅，任重而道远"之意。团队成员主要由实验室的博士师兄、师妹，以及几位能力较强的本科生组成。我们参加了第五届"互联网＋"大学生创新创业大赛，在没有任何参赛经验的情况下获得了四川省铜奖；参加第三届大学生生命科学竞赛，获得了四川省一等奖，并入围国

赛,获得了全国二等奖;参加了生物环境科技大赛,进入决赛并获得二等奖。这些成绩极大地激励了我,让我更加喜欢科研。

未来,我想成为一名大学教师,安心做科研,教书育人。这便是我认定的人生价值所在,不管前路多难,都要坚定信念,勇往直前。

逐梦，一直在路上

人物名片：

廖芙蓉，1995年11月出生于四川省中江县的一个农村家庭，2015—2019年就读于西南石油大学测控技术与仪器专业，后攻读电子科技大学仪器仪表工程硕士学位。本科期间担任西南石油大学机电工程学院团委实践部部长一职，曾获国家励志奖学金、中石油优秀学生奖学金等多项奖学金，并获机电院科技标兵等荣誉称号。2016年组织"创建模式识别人体跌倒"和"钻井液用石墨烯润滑剂"两

个创新科研项目，带领团队斩获多个创新比赛奖项。其中钻井液用石墨烯润滑剂项目获2018年全国"创青春"创新创业大赛铜奖，第四届"互联网+"大学生创新创业大赛四川省金奖。创新创业之路不会一帆风顺，但是廖芙蓉从未放弃，而是始终保持初心，坚持梦想，为自己，为团队，始终奔跑在路上。

》 扬帆·启航 《

2015年，廖芙蓉成功跨越高考之门，步入西南石油大学的校园。廖芙蓉是

——创新创业人才风采集锦

一个有追求、有目标的人，对于自己的人生有一定的规划，不论何时何地，始终斗志昂扬，对生活充满热情。从大一开始，她就加入了机电工程学院团队实践部，成为实践部的一分子；参与"学霸笔记"比赛，展现真"学霸"的风采；参与学校组织的体舞比赛，为学院争取荣誉；参与校运动会和体育节，德智体美劳全面发展；参与"逐柚少年"社会实践队，远赴凉山支教，为社会贡献微薄之力；参与校重点开放性实验项目"模式识别人体跌倒"，获第八届过程装备实践与创新大赛全国三等奖。

大二一开始，廖芙蓉便开始着手尝试创新创业，在老师的带领下，她组织并创建了"钻井液用石墨烯润滑剂"团队。项目初期，廖芙蓉便奔走于实验室、教室、食堂、图书馆之间，严格把控时间，不浪费一丝一毫。同时，她随时随地与指导老师和团队交流，成为老师和团队的沟通桥梁。经历了无数次的失败，团队成员终于得出了钻井液用石墨烯润滑剂的材料最优匹配比例，对于这一切，廖芙蓉功不可没。

》 乘风·破浪 《

项目研发成功了，接下来却面临更加严峻的问题：怎样投入使用？怎样才能更好地实现成果转化？如何筹得更多的项目资金？于是，廖芙蓉和团队成员又奔走于各大企业，展示项目的优势及发展前景。经历了无数次碰壁、无数次拒绝、无数次嘲讽、无数次等待，却始终不曾磨灭他们的意志与梦想，经历了无数次的尝试，团队终于与成都碳源时代公司达成了合作，将钻井液用石墨烯润滑剂投入生产。之后，项目又被四川省人民政府、四川科技厅列入"四川省100项成果技术水平高、成果转化市场前景大、近期经济效益好的科技成果转化清单"，被《四川日报》《科技日报》等媒体以专题形式报道；并且被北京市科学技术委员会鉴定为"该项目处于国内领先水平，应用推广价值巨大"。

2015年，廖芙蓉参加校重点开放性实验项目"基于模式识别人体跌倒检测仪的设计与实现"，研发出一种腰带式人体意外跌倒检测定位装置，并申请了发明专利。在大三的课外实践活动中，她又与团队成员合作研发出避障小车，并以第一作者的身份发表《基于ATmega16的高精度智能避障小车的设计》，收录于中文核心期刊。2018年，四川省"创青春"创新创业大赛拉开帷幕，廖芙蓉和她的团队也在为之做准备。从商业计划书的撰写、宣传视频的制作、财务报表的绘制、创新亮点的设计到实验项目的发展前景，都需要他们攻坚克难，步步击破。最终，廖芙蓉带领团队从一众队伍中脱颖而出，斩获2018年全国"创青春"创新创业大赛铜奖，取得了第四届"互联网＋"大学生创新创业大赛四川省金奖的好成绩。

　　社会在进步，人类在发展，科研创新永远在路上。秉承初心，追逐寻梦，争做最好的自己，是廖芙蓉对自己的要求，不论何时何地，反思昨日之事，做好今天之事，计划明日之需，始终做一个有目标、有追求、有规划的人。拼搏不止步，奋斗不停歇，只要勇往直前，终会收获属于自己的美好明天。

纸上得来终觉浅，绝知此事要躬行

人物名片：

康厚精，西南石油大学软件工程2015级学生、中国计算机学会（CCF）会员、西南石油大学创新创业学院一期毕业生，大学期间一直致力于创新创业活动，曾获"互联网＋"大学生创新创业大赛四川省金奖、"创青春"全国大学生创业大赛四川省银奖等省级创新创业奖项7项，获泛珠三角"中星杯"大学生计算机作品赛三等奖等国家级创新创业奖项3项，拥有软件著作权专利3项，获"新都区优秀创业人才"等荣誉称号。在校期间多次获省部级以上学科竞赛奖项，参与创业项目路演十余次，同时组建跨专业跨学院学术科研团队2支、创业团队1支，创建了"以科研为创业注入动力，而创业为科研反哺资源"的可持续发展创新创业体系。

》 春 《

刚入校时，康厚精的人生履历并不出众，在一次新生研讨会上，他听着同院优秀学长的发言，深知自己与他人之间的差距，从此，他暗下决心磨炼自己，为之后的创业道路奠定了基础。

在成长过程中，康厚精受到了一位老师的影响。院团委刘翔老师对于每一个学子都给予发自内心的关怀，让每个学生在异地也能感受到家的温暖，目睹了这一切，一颗名为"以校为家"的种子也在康厚精心中悄悄发芽，他也一直在之后的学习和工作中践行这一理念。

不仅如此，康厚精深知，要成为一名合格的创业者，首先要具备扎实的专业本领。大一时，他选择跟室友一起加入学生科技团队学习专业知识。早上8点到晚上10点来回于"教室—食堂—实验室—寝室"的"四点一线"。在这一过程中，他意识到自己应该汲取更多的养分，最终加入了创新创业学院创客实践班学习。

》 夏 《

康厚精多次提道，"机会永远不会自己找上门"，在他眼里，学校为每个学子都提供了平等的机会与平台，那么剩下的资源就应该由学生自己通过各方去争取。大一时，他联系到同院多个专业的同学，组建了自己的科技团队，并邀请软件工程教研室主任肖斌担任指导老师。

通过勤奋刻苦的努力，团队的技术也在不断成熟，于是他们决定以学院"盛特杯"大学生课外科研立项试手，经过6个月的努力，最终以优秀项目结题。这次成功也为团队注入了一针强心剂，为了进一步扩大成果，团队成员在"盛特杯"立项的基础上同期申报了校级重点开放性实验并顺利结题。

2016年暑假，越来越多的项目压在康厚精的身上，由于饮食和作息长期不规律，他患上了严重的胃病，在医院躺了足足半个月。项目临近验收，自己却躺在医院，只能通过视频连线与团队成员共同探讨技术难题、把握研发进度。这件事为他敲响了警钟，任何一丝变故都有可能动摇这个年轻团队的根基，权衡之后，他选择暂时离队，队长由计算机科学与技术专业同学祝欣接任。

》 秋 《

离队后的他醉心于创新创业学院创客实践班的学习,学有所成后,他参加了全国大学生工程训练竞赛。在"大众创业、万众创新"政策的指引下,康厚精与创新创业学院的十余名同学共同成立了创新创业学院第一个集科研创新与科技创业于一体的学生创新创业团队。他们在原有团队的基础上吸收了来自学校多个学院多个专业的同学,为创新创业项目的孵化落地打下了坚实的基础。

2017年1月,团队获得了英特尔公司的技术支持,参加了中美青年创客大赛初赛,并于同年6月赴北京参与决赛。同月,康厚精又带领创业团队获得"互联网+"全国大学生创新创业大赛四川省金奖,并在郭艳老师的指导下获得国家级大学生创新创业训练计划基金项目。

同年,康厚精受邀参与泛珠三角"中星杯"大学生计算机作品赛及"英特尔杯"全国大学生软件创新大赛,在肖斌老师的帮助下,他又取得了国家级大学生创新创业训练计划基金项目。2017年6月,康厚精任团队技术指导赴杭州参加全国大学生机械创新大赛获得全国一等奖。

大二年,康厚精带领团队撰写创业计划书20余份,申请国家级大学生创新创业项目3项,获科研立项10余项,开发完成5个大型软件实验项目,获省级和国家级比赛奖项近10项。

》 冬 《

2018年6月,经历了创业的整个历程,站在人生的新的十字路口,康厚精选择了离开自己倾注所有心血的团队,他拒绝了众多知名IT公司抛来的橄榄枝,加入了茫茫考研大军继续深造,因为他知道,创新源于更加扎实深厚的积累,创业,永远在路上。

世界不会亏待每个努力的人

人物名片：

王柄钞，计算机科学学院软件工程2017级学生，现任西南石油大学计算机科学学院党员工作站秘书长，曾获国家励志奖学金2次、优秀学生特等奖学金1次、一等奖学金3次、软件著作权4项；牵头主持并参加科研立项省级2项、校级6项、院级8项，获学科竞赛国家级奖励1项、省级6项、校级12项、院级2项；获西南石油大学六十周年校庆优秀志愿者、优秀班委干部、优秀三好学生、第四届

"感恩母校"青春分享活动优秀志愿者领队、暑期社会实践优秀个人等称号。

从踏进大学校园的那刻起，王炳钞便认定：不管以前怎样，一切都已清零，大学四年，一定要活出心中的"那个自己"。有了目标，动力也就随之而来。过去的三年里，和别人一样，他也曾经失败过，跌倒过，迷茫过，但每次挫折之后，他总是会认真总结和反思自己的不足，从哪里跌倒，再从哪里站起来。他深信，自己可能不如别人聪明，但胜在胆大心细，敢拼敢闯，拥有一颗永不言败的内心。

》 充实自身，潜心积淀 《

从一开始，王柄钞便告诉自己："大学不是用来玩的，不能凭空虚度年华。"所以从大一开始，他便认真对待每一门课，不仅如此，他选的课总比其他人多，期末考试也往往要比其他同学多考几门，当他在紧张地准备考试时，其他同学可能已经在安排自己的假期生活了。课程给了他很大的压力，但同时也使他拥有了充实的学习生活。大学生活里，他过得平凡、忙碌而真实。

他也有过迷茫，有过彷徨，不知脚下的道路会通向何方。由于对所学专业不够了解，有时学习专业课程会比较吃力，有时也难免心浮气躁。他也曾仰望深邃的星空，反问自己："我是不是不适合读这个专业？以后究竟要干什么？以后想要过什么样的生活？"他知道，唯有脚踏实地，才能所向披靡。他相信，越努力，越幸运。于是他沉下心来，主动出击，看书看资料，不懂的地方就问老师或同学。功夫不负有心人，在翻烂那本 C 语言专业书后，专业课学习似乎变得轻松多了。

》 越努力，越幸运 《

在学习的同时，王柄钞还不忘积极参加学院的各种社团活动和学生工作，不断丰富、提升自己。两年来，他一直担任计算机科学学院学工助理，有过辛苦，但也享受着认真学习和工作带来的乐趣。他总是尽自己最大的努力完成各项任务，本着求真务实、甘于奉献的精神，在工作上尽职尽责、勤勤恳恳。每一次活动都是他成长的见证，每一次任务都让他更加懂得友好协作、共同双赢的团队精神。他抓住每一个能够展现自己、锻炼自己的机会，从中学到了许多书本上学不到的东西，每一次挑战，都是一次突破，一次超越，一次能力的提升。他始终相信，运气和成功不是凭空而来的，而要在努力的过程中一步步积攒！

"大咖"养成记

学科竞赛是大学生活中不可或缺的一部分,而写论文和答辩又是其中至关重要的一环。第一次参加"互联网+"大学生创新创业大赛时,王柄钞需要撰写上万字的计划书,其中还涉及很多经济学知识。为了弄懂这些,他自主学习了项目管理等课程,阅读了大量的项目计划书,认真思考产品的商业模式。为了提高自己的答辩能力,他把老师可能问到的问题写到小卡片上反复练习。就这样,通过点滴积累,他最终取得了四川省铜奖的好成绩。

一味学习课本上的知识效率会很低,所以还要培养自己现学现用、学以致用的能力。于是,王柄钞开始参加各项学科竞赛,不断在竞技中磨砺自己。他带队参加了中国大学生计算机结构设计大赛,从校赛到省赛再到最终的国赛,历时六个月,横跨两学期,团队意见的分歧、程序调试时的意外、长期作战的疲惫、考试与比赛的冲突……各种意想不到的困难接踵而至,他们不止一次有过想要放弃的念头,但最终大家还是相互鼓励,坚持了下来。

分享知识,收获快乐

大二上学期,王柄钞与团队成员一起获得了中国石油工程设计大赛软件开发类全国二等奖,这带给他很大的鼓励,但他并没有因此而骄傲自满,因为他明白,大学阶段接触的东西终究有限,只有继续拼搏,才能抵达更美的风景。期末考试前夕,王柄钞发现周围的同学在为能否顺利通过考试而担忧,于是,他把开办补习班的想法告诉了室友和朋友,得到了他们的一致支持,大家纷纷拉着自己的熟人来参加。补习班的参与人数从最初的三三两两到稳定在每次30人左右,看着台下一张张认真听讲的面孔,王柄钞内心感到十分快乐。功夫不负有心人,在随后的期末考试中,所有参加补课的同学均通过了考试,无人挂科。后来,王柄钞也呼吁周围擅长其他科目的同学来担任小讲师,如此一来,补习班拓展了补课内容,帮助了更多的同学。

心怀感恩，砥砺前行

有人说："母校是一个你自己可以吐槽100遍，却不允许别人说一句坏话的地方。"为了响应"感恩母校，分享石大青春活动"，王柄钞积极筹备，组建了来自不同年级、不同专业但具有同样"归属感"的宣讲团队，于2019年1月在达州中学、达州铭仁园中学、达川中学进行了为期十天的志愿宣讲与调研活动。通过这次志愿活动，参与的每个人都更加明白了志愿者活动的真谛：在服务他人、感恩社会、奉献自己的过程中收获属于自己的成长。

经历种种，王柄钞始终相信，世界不会亏待每个努力的人。

以梦为马，不负韶华

人物名片：

张棋，西南石油大学计算机科学学院软件工程 2017 级学生，现任西南石油大学计算机科学学院创新创业俱乐部理事长兼学生会副主席、西南石油大学百度菁英俱乐部主席。获晶奇网络奖学金 1 次，优秀学生一等奖学金 3 次，二等奖奖学金 1 次；曾牵头主持并参与科研立项国家级大学生创新创业训练计划 1 项，教育部产学合作项目 1 项，校级重点开放性实验 6 项，校级普通开放性实验 1 项，院级立项 3 项；获学科竞赛全国大学生数学建模国家级二等奖，计算机设计大赛等省级奖项 5 项，校院级奖项 13 项；获西南石油大学优秀学生干部、优秀三好学生、优秀团员、省级优秀志愿者等荣誉称号。

科研创新，探索追求，也许从张棋踏进大学的那一刻，命运就已经将他与科研创新联系在了一起。大学三年，他一直在创新创业的道路上坚定前行。

> **懵懂少年，初识创新** <

第一次对创新创业有认识，是收到计算机科学学院的录取通知书那一刻，

扫描通知书上的二维码，下载 App 即可利用 AR 增强现实技术参观校园，这种新颖的技术深深地吸引了张棋，此时，一颗小小的创新种子在他心中埋下，让他对创新技术有了无限的向往。入校伊始，张棋便加入了创新创业俱乐部学生科技团队"云上西柚"，随后又参加了开放性实验——基于在线编程的计算机语言个性化学习系统。由于缺乏专业知识加上经验不足，一个小小的技术难题往往要困扰他许久，学业成绩的压力和专业技术的困扰让此时的张棋彷徨不安，但是他坚信，付出一定会有收获，于是他选择了坚持。最后，经历了上百次的实验纠错，努力了无数个日日夜夜，他终于完成了项目的编写，并取得了电子商务创新创业大赛四川省三等奖的好成绩。

》 身心受挫，低谷崛起 《

但生活总不会一帆风顺，一场意外导致张棋双跟骨粉碎性骨折，其间他经历了一次痛苦而艰辛的手术，要修养半年才能行走。对于他而言，这无疑是一个巨大的打击。但是他始终相信：懦弱的人只会裹足不前，莽撞的人只能引火烧身，只有真正勇敢的人才能所向披靡。于是，他依然潜心坚持制定属于自己的发展路线，除了睡觉、吃饭和康复锻炼，其余时间都在床上学习，一步一步朝着自己的既定目标前进。

2018 年 9 月，张棋坐着轮椅重返校园，他深知，单靠自己已经难以赶上前行者的步伐，只有依靠团队的力量才能逆流前行。之后，他成功担任"云上西柚"团队队长，积极调动队员兴趣，规划多样化的发展方向，为团队的发展铺就道路。在这期间，他抓住每一个能够展现自我、锻炼自我的机会，不断增强自身的组织能力、领导能力和沟通协调能力。每一次的团队协作，每一次的团队活动，都让他更加深刻地理解了团队与合作的力量，让他感到前所未有的充实。担任队长期间，有过辛苦，有过快乐，有过挣扎，但是无论怎样，张棋都未曾放弃。终于，团队的成长获得了阶段性的认可，他们获得了西南石油大学飞翔奖——最佳团队入围奖。此外，张棋还带领团队取得创新创业奖项国家级

4 项，省级 30 余项，软件著作权 5 项，校级奖项若干。并积极引入外界资源，基于"云上西柚"组建了西南石油大学"百度菁英"俱乐部，开拓团队发展方向，同时担任"百度菁英"俱乐部副主席，让西南石油大学成为全国第 25 个加入"百度青英"俱乐部的高校。

》 厚积薄发，静待时机 《

凭借自身的组织和沟通能力，张棋还积极组织队员参加学科竞赛，他带领队员阅读优秀的商业计划书和项目计划书，并模仿撰写。同时从自己做起，积极锻炼自身的答辩能力，组织多场模拟答辩，将导师可能会提的问题列出来并进行回答。经过不懈的努力，团队最终取得了优异的成绩。2019 年 9 月，他们又参加了全国大学生数学建模竞赛，从校内赛到决赛，大家不分日夜地练题、编码，期间，团队成员经历了瓶颈、矛盾、分歧等种种状况，但是他们明白，能打败他们的，只有他们自己，只要不放弃，灵活运用所学知识，就一定能取得成功。在提交论文的那一刻，团队中的每个人都露出了会心的微笑。皇天不负有心人，终于，他们取得了国家级二等奖的好成绩。

》 变换方位，改变视角 《

当一个人所处的位置不一样时，他看待事情的方式也就不一样了。大三期间，张棋抓住机遇，成功当选计算机科学学院创新创业俱乐部理事长兼学生会副主席，立志为学院的创新创业事业做出自己的贡献。本着求真务实、甘于奉献的精神，张棋在学院创新工作上尽职尽责，勤勤恳恳，努力营造积极的创新创业氛围，鼓励大家参与创新创业比赛。最终，创新创业俱乐部获校双创中心授牌，成为西南石油大学第一个飞翔创客空间二级分部，并在全国高校创新创业总结宣传工作专家组进行实地调研时获得一致好评。

创新无止境，只有坚持不懈，才能在这条路上越走越远。张棋始终相信，每个人都是世界的幸运儿，只要努力，就一定会有收获。

追求真理，用激情点亮大学生活

人物名片：

李珊珊，西南石油大学数学与应用数学 2010 级学生，电子科技大学硕士研究生。曾任理学院团委学生会秘书长、班级团支书，曾获国家奖学金、国家励志奖学金、中石油奖学金、美国大学生数学建模竞赛一等奖、全国大学生数据挖掘竞赛一等奖及 MATLAB 创新奖、中国大学生计算机设计大赛三等奖、"泰迪杯"全国数据挖掘挑战赛三等奖等。于公开刊物发表学术论文 5 篇。

》 **理想信念坚定，思想积极进步** 《

刚考入大学不久，李珊珊同学就递交了入党申请书，积极向党组织靠拢。在学习、工作和生活中，她时刻以高标准、高起点要求自己，参加学生党校培训，也抓住一切机会努力提高自己的政治理论修养和理论水平。在学生党校学习期间，她进一步系统、深入地学习了党的基本知识，使自身的理论水平得到了进一步提高，对党有了更为深刻的了解和认识，并在党校结业考试中取得了优异成绩。2017年5月,李珊珊同学正式成为一名党员,入党后,她继续以饱满的热情投入工作,关注国家大事,学习上也依然勤奋刻苦,被评为所在党支部"党员学习示范岗"。

》 学习上刻苦踏实,学习成绩优异 《

在专业知识学习方面,李珊珊一直以积极认真的态度对待,脚踏实地,力争走好每一步。她上课认真听讲,积极发言,课后积极复习,遇到不理解的地方也常常向老师请教,合理安排学习时间,充分利用学习资源。不仅仅满足于课本知识,更注重拓宽专业视野,学习和了解专业前沿知识和研究领域。努力终会有收获,在六个学期的综合排名中,李珊珊的成绩一直在专业前列,平均GPA 4.06,综合测评专业第一,并在大一时顺利通过了大学英语四级考试和计算机二级考试,后又努力通过了计算机三级考试,6次获得一等优秀学生奖学金,此外还获校级"优秀三好学生""优秀团员"等荣誉称号。

》 全方位发展,不断提高创新精神 《

大学期间,李珊珊在学好课本知识的基础上积极参与各项实验与科研项目,参加各项知识竞赛,将理论运用于实际,参加学校组织的开放实验项目,不仅巩固了理论知识,学到了实验技能和知识,还学会了"复杂的事情简单做,简单的事情认真做,认真的事情重复做"的科研思维和态度。后来,她更加积极地提升自己的专业素养,参加了许多校级、省级、国家级学科竞赛,获得了2017年美国大学生数学建模竞赛一等奖、"泰迪杯"全国数据挖掘挑战赛MATLAB创新奖、第九届中国大学生计算机设计大赛三等奖、第四届"泰迪杯"全国数据挖掘挑战赛三等奖、大学生数学建模竞赛四川省一等奖等,并公开发表5篇科研学术论文。一次次的科研竞赛和实践让她的专业技能得到了提升,更让她知道,在以后的学习和生活中要"用心、用情、用智慧"地对待每一件小事,只有这样,才能有所收获。

热爱生活，乐观开朗影响周围人

进入大学后，李珊珊多方面锻炼自己的能力，热情开朗的她从大一开始就担任班级的团支书，两年多以来，她认真负责，带领班级获校"优秀团支部""五四红旗团支部"等荣誉。大一上半年，她加入了学生会，大二期间，担任学生会拓展办部长，参与并成功策划了"迎新晚会""拓展办之夜"等诸多活动，受到了老师和同学的一致好评，并获得"优秀部长"的称号。大三后，李珊珊又担任院学生会主席团秘书长，组织各类学生文化活动如校级精品活动"数学文化节"，丰富了同学们的课余文化生活，为他们的大学生活增光添彩。

同时，热心公益的李珊珊还是一名青年志愿者，她积极参加各类青年志愿者活动，用自己的行动给他人带去温暖。"老吾老以及人之老"，为了让老人们感受到新一代年轻人对他们的关心与爱护，李珊珊多次参加学院举办的敬老院相关活动，希望为老人们的生活带去一丝欢乐。她的成绩得到了大家一致的肯定与认可，获得校级"优秀志愿者"证书2个，社会机构颁发的"优秀志愿者"证书1个。李珊珊不仅自己投身志愿活动，还常常鼓励身边的人，成功影响了一大批同学加入青年志愿者的队伍中来。

在生活上，李珊珊尊敬师长，团结同学，乐于助人，热爱劳动，对自己严格要求，坚持做一个思想道德合格的大学生。总是设身处地地为他人着想，力争与身边同学共同进步。

一路走来，心怀种种

人物名片：

谭兵，西南石油大学数学与应用数学 2010 级学生，电子科技大学攻读硕士研究生。曾任理学院学生会主席、数理协会会长、班级学习委员等职务。曾获国家励志奖学金，全国大学生数学建模竞赛一等奖、二等奖，美国大学生数学建模竞赛一等奖、三等奖，"泰迪杯"数据挖掘挑战赛特等奖等。公开发表学术论文 11 篇，参与国家级、省级科研项目 10 余项。

》 比起天赋，努力程度更能解释成败 《

谭兵对数学有种莫名的喜欢，每次看见满黑板的公式，他都特别兴奋。大一进校时，他加入了院学生会和数理协会，希望能拥有一技之长。部长安排的任务他总是积极完成，其间也学到了很多课本上学不来的东西。当听说有数学建模竞赛时谭兵激动不已，大一下学期开始他便投入了建模和编程的学习，之后又参加了理学院组织的数模暑期培训。在这段时间里，谭兵进步很大，对数

模也有了全新的认识。在全国大学生数学建模竞赛中，本来只是想着积累经验，为以后竞赛做准备，没想到最终还取得了全国二等奖的好成绩。

》 失败并不可怕，重要的是总结经验 《

大二换届时，谭兵如愿竞选为院学生会学习部部长和数理协会副会长。任职期间，他一面忙着举办各种活动改进班风，一面努力宣传数学建模竞赛。其间还组织举办了校级精品活动"首届数学文化节"和数学建模及经验分享讲座等，同时，谭兵还相继参加了美国大学生数学建模竞赛和"泰迪杯"数据挖掘挑战赛，虽然成绩欠佳，但他并没有气馁。大二下学期，他重整旗鼓，参加了数学建模校内赛，以校一等奖的成绩进入了国赛。虽然没有在国赛中取得理想的成绩，但谭兵深知，自己未来的路还长，失败并不可怕，重要的是要从中总结经验。

》 肯栽培，开出希望之花 《

大三时，在老师和同学们的鼓励下，谭兵继续担任数理协会会长，积极参加数学建模竞赛。这一次，他心中没有了以往的焦虑，不再因为结果而忐忑不安。结果公布，谭兵取得了一等奖的好成绩，彼时他心中五味杂陈，复杂的心情难以言表。四月，谭兵又与团队成员一同参加了第五届"泰迪杯"数据挖掘挑战赛，经过导师的耐心指导，成员们齐心协力，拿到了特等奖之一的MATLAB创新奖。这一年是丰收的一年，他更加理解了"阳光总在风雨后"这句话的含义。

大二到大三期间，谭兵作为主研参与了4项重点项目和1项省级项目，均顺利结题，其中两项重点项目分别获一等奖和三等奖，并根据实验成果发表学术论文11篇。

》 常怀感恩之心 《

谭兵知道，自己取得的这些荣誉凝结了数不尽的艰辛与奋斗，它们属于陪伴他一路走来的师友，没有他们的支持与鼓励，就没有自己今日的展翅飞翔。

带着对母校和师长、同学们的感激之情，谭兵参加了多项志愿服务活动，他积极投身公益，志愿奉献，努力践行一名石大学子的誓言。2015年暑假，他参加了四川省关爱留守学生志愿服务行动，去攀枝花进行了为期10天的支教活动，其间他收获颇丰，感慨良多。此外，他还担任了第十三届"挑战杯"四川省大学生课外学术科技作品竞赛志愿者和毕业典礼志愿者，为理学院学生和数理协会成员做了5场经验交流分享。

回首大学四年，有若干所得，必谢于八方，一谢学校，二谢恩师，三谢父母，四谢同窗。以谭兵最喜欢的一句话结尾：既然选择了远方，便只顾风雨兼程。

高调做事，低调做人

人物名片：

　　王新鑫，西南石油大学数学与应用数学 2010 级学生，四川大学在读博士。曾获国家奖学金、中原油田奖学金、巴州畅想奖学金、大学生数学建模竞赛全国一等奖、美国大学生数学建模竞赛二等奖等。曾参研国家自然科学基金 2 项，获全国数学建模竞赛国家奖 5 项、省奖 2 项。于国内外期刊在审和发表 SCI 论文 8 篇，EI 论文 2 篇，CSCD 核心论文 3 篇等。

》 热爱学习，思想积极 《

　　对于出生在数学教师家庭的王新鑫而言，对数学专业的喜爱似乎是一种命中注定，因此，在以石油专业为主干学科的大学，她也依然坚持自己当初的选择。上课对于王新鑫来说是一种享受，她每年的学分绩点都名列前茅，最高绩点 4.61，曾获校级"睿智杯"数学竞赛二等奖、"学海知识"竞赛二等奖等。此外，她还志愿加入中国共产党，并时刻对自己高标准、严要求。

建模四年，跌宕起伏

首次接触数学建模，王新鑫便在校级建模赛中获得了二等奖，从此便与数模结下了不解之缘。为了参加全国赛，大一的她自学专业知识，过五关斩六将，通过了笔试、面试和培训考试，终于成为一名正式成员，也是其中唯一的大一学生。比赛过程中的刺激、思维的碰撞、团队的配合以及1+1＞2的感受始终令她难以忘怀。接下来的美赛和校级数模赛，她的成绩都不是很理想，对此，王新鑫虽略感意外，但却始终认为，名次不是最重要的，真正重要的，是比赛时的那种心态、那种历练。将理论和实际的每一次结合都是一种成就，建模一次，获益终生！抱着这样的心态，王新鑫再接再厉，终于取得了国家一等奖的好成绩。

科研竞赛，钻研于心

2013年，王新鑫参加了两个校级重点开放性实验"数独智力游戏的难度划分和创建"和"基于故障树的大学生健康风险分析"。作为队长，她坚持每周讨论，做到"今日事，今日毕"。带头分配任务，顺利完成实验，最终获得了校级二等奖。同时，她以第一作者的身份在《计算机光盘软件与应用》上发表论文，以第二作者的身份向《中国学校卫生》投稿；参与2013年全国大学生数学建模赛题后续研究项目"城市表层土壤重金属污染分析"，参与在长沙举办的第三届重金属污染防治及风险评价研讨会暨重金属污染防治专业委员会2013学术年会；参加校级大学生课外学术科技作品竞赛并荣获三等奖。

文武双全，全面发展

王新鑫不仅学习成绩优异，社会工作方面也相当出色。大一当委员，大二当部长，大三担任数理协会会长，一路走来，她一步步学习，一步步成长。不仅将协会管理得井井有条，还大胆创新，改革《理学报》，与数学建模指导中

心合作，将数模知识和比赛经验传授给更多志同道合之人。此外，王新鑫还酷爱中国象棋、五子棋、乒乓球、羽毛球和篮球等，曾获校级五子棋比赛第二名、院级乒乓球比赛第一名、院级"地球一小时"活动第一名、校级法律知识竞赛三等奖。

投身实践，热衷志愿，王新鑫生活上乐观开朗，团结同学，热心服务他人。她主动为学弟学妹讲解图书馆的相关使用及功能，连续两年获校级"优秀义务讲解员"称号。暑假组建"三下乡"社会实践团队，带领15名同学为山区的孩子们义务支教1个月，团队获得了校级优秀团队、"万有公益"优秀证书，她本人也收获了"优秀个人"称号。

之后，坚守"高调做事，低调做人"的她在四川大学攻读博士研究生，继续自己数学理论与实践的结合之路。

坚守学术精神，谱写人生华章

人物名片：

邓宽海，西南石油大学油气井工程2012级博士研究生，主持四川省科技创新项目2项，以骨干身份完成国家自然基金及油气重大专项等课题6项。发表学术论文26篇，其中SCI共收录20篇，SCI一区TOP 1篇、二区4篇，EI收录4篇，CSCD收录2篇，共申请国家发明专利19项，授权发明专利11项，第一或第二作者授权发明专利8项，申请美国专利一项；担任 Applied Mathematics Modeling Thin-wall structures Engineering Failure Analysis 等权威SCI期刊审稿人；出版著作3部，获省部级科技进步二等奖2项，联合申报国际合作项目1项，多次获博士生国家奖学金、博士后基金、国家自然科学青年基金，获"十大学术成就奖""十大杰出研究生""王涛英才奖"等荣誉称号。

≫ 梦想启航的地方 ≪

大学伊始，邓宽海便抱着"大学期间一定要有所收获"的想法开始尝试自

己的兴趣,最终决定以科研学术作为自己的奋斗方向。于是,在繁重的课业之余,他还积极参加各项科技创新活动。一方面,邓宽海向老师毛遂自荐;另一方面,他开始扎实自己的专业功底,图书馆、自习室成了他的常去之处。

功夫不负有心人,终于在 2015 年,邓宽海组建的科技小分队成功申报四川省科技创新项目"基于接触非线性的套管修复力学机理研究",作为项目负责人,他组织大家进行文献的归纳与总结、研究内容的撰写、创新点的凝练、研究方案的设计、研究可行性的反复论证、申请、管理、完成等,在研究过程中注重学科交叉及自我沉淀,在机电工程学院王维和夏逢军老师的帮助下,他们成功解决了项目中涉及的力学问题,进一步夯实了专业知识基础,培养了创新精神,提升了团队协作能力。

"遇到问题,应该先问自己怎么办。"这是邓宽海一贯的作风,为了更好地融入科研小组并积累经验,邓宽海开始向学长学姐们取经,用许多个"怎样"换来了更多的"应该"。随后,他又参加了许多科研活动,每一次他都尽心尽力,不断学习。邓宽海说:"每一次科研机会我都牢牢把握,它们是我进步的最好阶梯。"

》 "一个都不能少" 《

"博观而约取,厚积而薄发"是邓宽海的科研精神,他认为科学研究并非纸上谈兵,交流与讨论更能迸发出无限的灵感。秉承这样的精神,2012 年荣获四川省优秀毕业生的邓宽海又踏上了读研、读博的新征程。

在不断提升自我的同时,邓宽海还不忘关注团队成员的成长及发展:"人人进步使我们走得更快,团队合作使我们走得更远。"这是邓宽海团队中广为流传的一句话。在他的团队中,每个人都有存在感,每个人都会发光发热。邓宽海一直帮助师弟师妹设计并开展实验、修改并发表学术论文、撰写并申报专利等,且已指导 2 名师弟和 1 名师妹发表论文和申报发明专利。尽管辛苦,但他认为共同成长就是对自己最好的鼓励,也可以为团队提供共同前进的动力。

在"一个都不能少"的团队宣言下，2015 年，邓宽海先后在贵州高峰石油机械股份有限公司和塔里木油田分公司实习，在现场专家指导下很好地完成了各项任务，并得到公司的高度评价及认可，同时也被学校评为 2015 年度"十大杰出研究生"。并且作为第一负责人主研四川省苗子工程资助项目 1 项，协同导师林元华和曾德智完成国家科技重大项目 2 项、国家自然科学基金项目 1 项、油田重大工程 4 项。

》 向前看 向后看 《

长年的科研经历和良好的科研习惯使得邓宽海受到了国内外油井管力学及环境行为研究领域相关专家的高度关注和认可。现在，他已与国际腐蚀委员会主席 Guenter Schmitt 教授联合成功申报国际合作项目 1 项，并成功获得了国家留学基金委的资助，还将受邀加入德国教授 Guenter Schmitt 的科研团队，作为主研人员开展合作项目的研究。

与此同时，邓宽海也不忘回首，铭记初心。他始终以共产党员的标准严格要求自己，积极参加学校及学院组织的各项活动。

此外，邓宽海坚信实践出真知，遇到问题时，他主动赴油田、研究院等单位调研实习，不仅成功解决了问题，还更为深刻地认识到了科研成果转化及应用的重要性。目前，他的多项专利已转化为自研自制实验装置，并形成 1 项专门测试技术，并利用该技术协助指导 3 名研究生顺利毕业。

向前看，让邓宽海知道了他要走多远；向后看，让他清楚自己走了多远。这就是邓宽海，坚守自我，志在为祖国搭起能源运输的动脉；潜心专研，只为挥洒青春热血。

逐梦奋进，砥砺前行

人物名片：

马莅，西南石油大学油气田开发工程 2017 级硕士研究生。研究生期间连续 3 年获得学业奖学金一等奖，全程参与并负责国家重大专项、油田横向项目 10 余项，主要研究成果"复杂裂缝中支撑剂沉降输送"在我国环渤海湾、四川等大型油气盆地得到广泛应用，取得了显著的经济效益与社会效益。参加"石油界奥林匹克"石油工程设计大赛，成为西南石油大学首位连续 3 年获全国一等奖的学生。成功入围西南石油大学第六届"飞翔奖—学术科技奖"，荣获西南石油大学"十大杰出研究生"称号。

》 夯实基础，厚积薄发 《

刚进入大学校园，马莅便深刻体会到了"知识改变命运"的道理。从那一刻起他便暗下决心：潜心科研，不畏艰险，勇攀高峰，不负韶华。从大一开始，他每天早出晚归，刻苦学习。大二学年，他以绩点、综合测评双第一的成绩获华油天然气励志奖学金。大三顺利通过英语六级、计算机三级考试。本科四年，共获得学业奖学金特等奖1次，一等奖5次，国家励志奖学金2次。社会工作方面，他担任学生干部，积极策划组织部门精品活动，并多次获得"优秀学生干部"荣誉称号。同时，他也积极参加社会实践、加强体育锻炼，注重德智体美劳全方位发展。

》 不惧失败，从头再来 《

大四毕业季，马苾怀揣"石油梦"，依旧坚持着自己最初的梦想——读研深造。可人生哪会事事一帆风顺，本科阶段各种荣誉加身的他本以为保研乃是水到渠成之事，哪知最终落榜，犹如当头棒喝。偏偏这时，母亲失业、祖父病危的噩耗接踵而至，前途未卜的他万念俱灰，读研已然成为一种奢望。但这些突如其来的变故并未完全将他击垮，"石油铁人"的精神鼓舞着他，"献身科研，报效祖国"的信念支撑着他，他调整心态，继而加入了考研大军。马苾每天早上六点起床晨读，然后奔向图书馆自习，晚上十点赶往博学楼加班加点学习至深夜一点，每天保持16个小时的学习时间。仅用两个月的时间，马苾以420分的成绩居石油与天然气工程学院考研榜首。他的事迹激励着一众石大人，为我校考研学子树立了榜样。

》 砥砺前行，逐梦奋进 《

步入研究生生涯意味着开启了新的征程，马苾开始从事储层增产改造方面的学习和研究。他依托团队平台，深度参与"十三五"国家科技重大专项；从渤海湾致密油到川中页岩气，从注水井酸化到生产井压裂，全程负责油田横向项目十余项。采用理论研究与实验研究相结合、机理与工程技术结合、室内研究与现场实施验证结合的方式，开展科学研究工作。

为深入了解国际压裂先进水平，拓展自身国际视野，马苾还积极参与国际交流。2018年5月，他赴美国参加岩石力学大会，在国际舞台展示研究成果。

同月，受邀访问参观美国尤他大学能源地球科学学院，就当前国际页岩压裂技术进行深入讨论与交流。马葸在研一阶段就代表学校走出国门，与国际学术大咖同台竞技，成为我校首位赴美参加岩石力学大会并受邀访问尤他大学的硕士研究生，为我校世界双一流学科建设添砖加瓦。

》 创先争优，梦想起航 《

在科研学习之余，马葸也不忘拓展自身参与科技竞赛、进行团队协作的能力。他担任队长一职，组建团队参加有"石油界奥林匹克"之称的石油工程设计大赛。数不清的日夜奋战、披荆斩棘，终于，经过层层选拔，团队脱颖而出，最终获得了一等奖。马葸也成为我校首位连续3年斩获中国石油工程设计大赛全国一等奖的学生。这不仅实现了马葸个人的"石油梦"，也成为西南石油大学参赛以来的又一次历史性突破。

十年风雨兼程，逐梦砥砺前行。马葸对学术科研有一颗赤诚向往而坚韧不拔的心。积跬步，致千里。他将继续用行动践行石油梦想，用智慧点亮能源希望，用激情挥洒青春汗水，用科研铸就岁月芳华。

欲戴王冠，必承其重

人物名片：

熊川楠，西南石油大学土木工程2018级学生，曾就职于重庆水利电力职业技术学院，担任建筑工程系专任教师。本科期间，连续四学年学习成绩和综合测评均位于专业第一，获国家奖学金2次、国家励志奖学金1次、校级一等奖学金4次和专项奖学金8次，获"四川省优秀大学毕业生"和"大学生综合素质A级证书"等多项荣誉，主持国家级大学生创新训练项目1项和校级重点科研立项2项，获美国大学生数学建模竞赛国际一等奖、大学生数学建模竞赛全国一等奖和"挑战杯"大学生课外学术科技作品竞赛一等奖等各类奖项。研究生期间，获二等学业奖学金，获"华为杯"中国研究生数学建模竞赛全国一等奖、"百家号杯"全国大学生科普知识竞赛一等奖、全国大学生联合征文大赛一等奖和中国石油工程设计大赛全国优秀奖等。

》 **青春榜样——自立自强，奋斗不息** 《

十余载的求学生涯磨砺了熊川楠坚忍不拔的意志和永不言败的决心，在逆

境中成长的他拥有一般人所不具备的毅力，敢争上游，勇为表率，生活节俭、艰苦朴素、自立自强，大学时期靠奖学金和兼职解决了自己的学费和生活费。

"真正悲哀的不是物质的贫瘠，而是失去梦想，是被生活磨去棱角后甘于现世的安逸。身处逆境时，要凭一己之力克服困难、走出逆境，就一定要拥有良好的心态、勤奋的作风和坚韧的毅力。"熊川楠说道，"学习能力和综合素质决定了一个人的发展轨迹，不仅学业要优秀，综合能力也必不可少，而让自己成长最快的方式就是多参加学科竞赛和项目研究。时间对每一个人都是公平的，关键看自己如何利用。"

》 先进楷模——争优创先，勇夺一流 《

第一次主持科研立项是在熊川楠大一的时候，科研对于刚进入大学的他而言是陌生的，在很多同学都不敢去申请、去尝试的情况下，熊川楠勇敢地迈出了第一步。他说："我认为任何事情都有一个过程，不懂没关系，但是要虚心地学习，勇敢地去尝试，如果你不去努力、不去尝试，那么你永远都学不会。"性格决定一切，熊川楠对自己的要求是：要么不做，要做就做到最好。他积极和老师沟通，向老师请教，查阅文献，准备申报材料，就这样，熊川楠的第一个科研课题"混杂纤维混凝土的抗裂性实验分析与研究"申报成功，这次经历为熊川楠之后的科研之路打下了良好的基础。

第一次参加全国性数学建模竞赛是在熊川楠大二的时候，在没有任何建模理论基础的情况下，一切都要依靠自学，尽管具备优秀的学习能力和扎实的写作功底，备赛的过程仍然十分艰难。在图书馆和实验室的无数个日日夜夜让熊川楠对建模从陌生变为熟悉，最后他带领团队团结协作，攻克重重难关，取得了全国三等奖的好成绩。

第一次参加"挑战杯"大学生课外学术科技作品竞赛是在熊川楠大三的时候，由于有前期建模和科研的经历，所以一切进行得还算顺利。整个筹备过程花了大约一年的时间，他和团队不断对数据进行模拟仿真改进，对论文进行打磨精炼,对作品的程序和图表进行修正,熬了无数个通宵,泡了无数次实验室,每一个环节熊川楠都毫不放松,精心准备。校赛、省赛、全国总决赛,团队一路过关斩将,终于,"基于计算智能的锅炉运行效率优化"在全省报送的一万多个作品中脱颖而出,获全省一等奖,实现了学校有史以来挑战杯一等奖零的突破,并入围全国总决赛,最终获得全国三等奖。目前,该系统正在进行进一步测试,核心技术已申报相关专利并与3家企业达成了初步的合作意向,更多的企业合作正在洽谈当中。

每一个忙碌的清晨与黄昏,都有脚踏实地的人在播种新的希望,孕育新的果实,谱写新的辉煌!

》 执着梦想——展望未来,从不懈怠 《

身为工科男,熊川楠也同样热爱文学。他在原创诗歌《清音二十五弦》中这样表明自己的心境:"清音廿五弦,盛世耀双眼。空想误国,埋首实干。展望,经济腾飞锦绣观。推杯盏,奏唱千年。"

人生似洪水奔流,不遇着岛屿、暗礁,便难以激起美丽的浪花。没有经历苦难,又怎配得上成功的辉煌?执着于梦想,苦难便只存在于开端,而并非遍布整个生命过程!

创业人物篇

不忘初心，爱与荣耀同行

人物名片：

丁龙，西南石油大学马克思主义理论2015级硕士研究生，成都试客孵化器管理有限公司总经理、智汇大实验室首席运营官，先后担任成都盛都文化传播有限公司总经理、成都珠峰广告设计有限公司执行总监。首届西南石油大学"创业榜样人物"，2015年度全国创业百强评选人物，第三届中国"互联网＋"大学生创新创业大赛铜奖、四川省金奖获得者。2016年9月起担任西南石油大学创新创业导师，负责高校内项目大赛辅导和项目路演评审工作。2018年3月，受聘四川师范大学科技园创新创业导师，负责项目入园辅导评审工作。

>> **在还没有成功之前，所有的过程只能叫作成长** <<

谈到创业，其实很多人都不是很理解丁龙，为什么本科毕业后没有直接就业，而是选择作为一名"蓉漂"，开启了一段创业征程。有的人说他很勇敢，有的人说他敢拼有干劲。其实直到现在，丁龙也不愿过多提及他的过去和创业

时的艰辛，可能是因为觉得自己现在还算不上成功，所以所有的创业过程都只能称为成长。

创业维艰，第一个创业项目启动之初没有资金，丁龙便拿出自己全部的积蓄；市场拓展，他骑着二手电动车在新都区的大街小巷穿梭；夏日饿了，就在路边随便对付两口面包；冬日冷了，就多穿几条秋裤顶着寒风出行；奔波累了，就在路边的石凳、拥挤的公交车上小憩一会儿……

》 没有"不会做""不能做"，只有"不想做"和"不做" 《

创业之后，丁龙的朋友圈就很少出现私人的生活动态，大部分都是园区介绍和新材料行业的动态分析，或者是一些充满正能量的感悟等。创业使他的生活发生了很多变化，也让他从之前对生活的浅尝辄止变成了如今的刨根问底。

丁龙一手创立的智汇大实验室是一家以新材料为主导产业的重度垂直中试实验室孵化园，于 2015 年底开始筹备及规划，在多方的大力支持下，智汇大实验室于 2017 年 3 月正式启动运行，园区自主配套 380V 工业级配置电力、独立上下水、独立实验室及办公空间，并为入驻企业提供环境舒适、商务氛围浓厚的洽谈和会议空间。经过一年多的统筹运营，智汇大实验室成功引进了 13 家以新材料研发为主的优质创业团队入驻。目前，智汇大实验室园区共有硕士及以上学历 18 人，其中博士（含海归）以上学历 6 人。未来，智汇大实验室希望园区将继续以新材料领域高新技术人才聚集和创新型科技成果转化为主线，并结合区域产业发展优势，聚焦新材料产业前沿成果产出，持续为入驻企业提供产业链上下游深度指导与陪伴服务。

同时，丁龙团队继续专注新材料前沿科技相关产业领域，将科技成果转化与产业发展相结合；深化与高校科研院所之间的产学研用合作，加快技术创新和科技成果转化，积极营造科技向产业成功转化的良好氛围和优质环境。此后，丁龙的目标变得更加清晰，他将一份"不可能"转化成了一份触手可及的现实。

》 渴望拥有更多自由，触碰更多未知，和更多人一起共同成长 《

目前，智汇大实验室项目已经服务初创型创业团队 100 余家，不仅可以为企业提供政策咨询、工商财税等基础服务，还会针对企业的自身的情况提出特色孵化方案，为企业的品牌塑造、投融资对接、项目战略规划、协同科技营销、产业链上下游衔接等提供帮助。

未来，智汇大实验室将持续探索传统企业转型升级的策略与方法，推进科研创新与成果转化的商业化新进程，持续关心并探索创业者商业实战能力的训练与提升。智者相汇，命运相依，丁龙，一位怀揣梦想的平凡创业者，在创业路上愿同创业者一起，寻找共同成长的可能！

这世界，如我所愿

人物名片：

白翔，西南石油大学油气田开发工程2015级博士研究生，成都会当网络科技有限公司总经理，"驾了么"学车创始人兼CEO，中国石油大学（北京）创新创业教育导师。

》 创业有梦，青春无悔 《

作为"驾了么"创始人和"名星创客"，白阳的创新创业思维并非一时兴起，而是早在本科时期就已萌发，在这种想法的指引和激励下，白翔勤奋耕耘，取得了一系列突出成就：大学期间申请实用新型专利13项、国家发明专利11项，完成四川省科技厅创新苗子工程3项。

2015年，白翔在考取驾照的过程中亲身体会到了驾考市场的痛点：成本高、效率低。"不安分"的白翔决定从此方向入手尝试创业，希望通过自己的努力改善驾考行业现状，为社会做出一份属于自己的贡献！

创业需要勇气，更需要认真对待。2015年9月，白翔决定暂停学业，专心创业。七年学业，成绩斐然：2届学生会主席，3年兼职辅导员经历，年年一等奖学金，本科毕业保送研究生，获四川省优秀毕业生，获国际学术竞赛二等奖，硕士毕业保送博士……原本可以在博士毕业后谋个好工作，或出国继续深造，可白翔却要选择放弃，这一想法遭到了家人们的强烈反对。这时，博士生导师郭建春的一席话鼓励了他：“我相信你做任何事情都能取得一个好的成绩，放心去创业，想继续学业的时候随时回来！”于是，白翔下定决心，正式开始了自己创业之路。

创业艰难百战多，人不疯魔不成活。项目启动没有资金，白翔拿出自己平日里积攒的奖学金；外出跑市场，每天坐最早一班校车出发，赶最晚一班校车回来；三餐拿背包里冰冷、干涩的面包充饥，再在驾校训练场里灌一壶免费的热水；没有技术，白翔从零开始自学厚如字典的技术资料；没有渠道，他带领团队成员守在地铁口发传单、摆摊点；没有资金，贷款50万元砸进商海……

》 披荆斩棘，追求卓越 《

一年多来，"驾了么"的业务范围由成都拓展至德阳、绵阳、重庆、南充、宜宾、遂宁及西安等区域并成立分公司。目前已整合教练2800余名，建立线下门店51家，发展了来自成都地区40余所高校的近3000余名校园合伙人，建立高校服务网点近70个，每年服务驾考学员30000人次，从未出现学员因服务问题中止培训的情况，"驾了么"的服务水平和服务质量得到了学员和业内人士的一致好评，公司年营业额达2000余万元。

2016年8月，"驾了么"有幸成为CCTV《品牌力量》栏目受访企业，是西南石油大学首支被中央电视台宣传推广的大学生自主创业团队，白翔通过与主持人刘艺对话，传递了"校内校外、线上线下"的建设思路，传播了"立足成都，辐射西南，面向全国"的发展理念，展现了自身的创业成长历程，挖掘了品牌成长背后的故事，全景式地展现了石大创业精英的光辉业绩及心路历程。

此外，白翔及"驾了么"已被新浪、腾讯、搜狐等媒体报道百余次，赢得了良好的社会声誉。

》 个人成长，社会责任 《

目前，白翔的创业团队已由最初的 7 名成员发展为 48 名，研究领域涵盖金融、财会、管理、营销等多个方面，清华大学、北京大学、四川大学、电子科技大学、重庆科技大学的高校毕业生纷纷加入其中，3000 余名在校大学生拥有了学习和实践锻炼的平台。同时，白翔还鼓励内部员工自主创业，提出"创业带动创业"的发展思路，并已通过提供技术支持、品牌支持、资金帮扶等直接帮助团队 4 名成员成立公司并启动个人创业项目。白翔在接受《品牌力量》采访时说："目前的'驾了么'还只是一个整合现有资源的平台，没有自己的核心技术，更没有先进技术，作为国内年轻一代的创业者，我们要努力学习并利用世界上的最新科技，让中国的创业公司也能在国际上引领科技潮流，'驾了么'不仅要做一个强大的企业，更要做一个伟大的企业。"

将学习融入实践，以创业憧憬未来

人物名片：

王亚龙，西南石油大学工商管理2016级学生。刚进入大学时，王亚龙就已经开始在创业路上奋力拼搏，3年多来，他经历了许多坎坷与挫折，体会了许多不为人知的艰辛与酸楚。尽管如此，他依然从未放弃，始终奋力向前，因为他坚信，成功永远属于不屈的奋斗者。一直以来，王亚龙始终时刻谨记并努力践行"将学习融入实践，以创业憧憬未来"的人生信条。

》 拒绝平庸，以梦为马 《

从大一起，王亚龙便担任班长兼学院团委办公室学工助理，大二时他创立了经济管理学院双创俱乐部项目孵化部，大三时担任经济管理学院学生会执行主席兼经济管理学院双创俱乐部顾问，主导的"西柚记忆文创馆"项目在2017年国家大学生创新创业训练计划中被列为国家级项目，并荣省级创新创业奖项2项、校级奖5项，他本人也荣获西南石油大学首批十大"创业英雄"称号。

同时，王亚龙也是经济管理学院第五届"经管英才——创业奖"的获得者。

》 情怀使然，筑梦西油 《

一次偶然，王亚龙在西南交通大学看到了学校自创的校园文化纪念品服务店，彼时他深受触动："为什么我们学校没有自己的校园文化纪念品？"于是他下定决心，要为西南石油大学建立一个校园文化纪念品专营店。前期，王亚龙主要通过发布招募令、朋友推荐、校园宣讲等方式，吸引志同道合的人加入团队。团队组建后，他又花费一个多月的时间跑遍了成都内所有校园文化纪念品的高校。这次考察经历让他在心里描绘出了未来发展的蓝图。

2017年4月，王亚龙创立了西南石油大学第一个以研发设计校园文化纪念品为主营业务的工作室——"希优"青年工作室，该工作室以发扬西南石油大学园历史文化为宗旨，力图打造专业的校园文化纪念品服务店。产品刚开始推广时无人认可，王亚龙便采取"地推式"的宣传方式，用一周的时间跑遍了学校每个学院的团委办公室，耐心地向老师介绍校园文化纪念品的意义。久而久之，学生、个人和各个组织纷纷认可并购买他的产品。此外，他还得到了学校双创中心和校友总会老师的支持。

2019年7月毕业季，王亚龙以西南石油大学"校友之家"门店经理的身份参与了毕业纪念品的设计工作，成功输送定制校戒8400套，获得了学校师生的一致认可，并登上微博热搜第二，同时被《人民日报》转载，仅一天时间阅读量便达1.9亿。至此，西南石油大学校园文化纪念品已初具规模，这也是王亚龙"石大情怀"的初步实现。

》 披荆斩棘，征程再起 《

王亚龙的创业筑梦之路并没有止步于校园，他还是成都尚资商贸有限公司创始人、成都索源机械有限公司合伙创始人。2017年12月，王亚龙创立了西南石油大学第一家"外卖式"专业洗鞋店，该项目也成为经济管理学院双创俱乐部第一个大学生创业实体项目,带动数十人参与创新创业,提供勤工助学岗位10余个,现在洗鞋店也已初具规模,并在德阳成立了第一家连锁店。

三年来,王亚龙从一个创业小白到立项国家级创新创业项目负责人,再到西南石大首批十大"创业英雄"及诸多创业奖项获得者,经历种种,收获种种,这一切,都是他创业路上的完美见证和最终诠释。

灿烂星辰，一往无前

人物名片：

王乐，西南石油大学土木工程专业硕士研究生，现任成都市汇众天智科技有限责任公司联合创始人、CEO。创业以来，王乐带领团队瞄准人工智能行业，为人工智能产品研发和模型训练提供高质量数据，目前已为百度、科大讯飞、腾讯、中科院、追一科技等30余家企事业单位提供了上百万数据量服务，吸纳就业100余人，提供兼职岗位近万个，2019年实现全年收入超千万。通过建立基于ASR（自动语音识别）的数据采集和数据标注平台，实现对音频数据的高质量转化，申请专利4项，软件著作权4项。公司荣获国家科技型中小企业，通过国家知识产权体系认证，并于2019年1月成功在天府股交中心双创板正式挂牌。

》 浩瀚沧海　扬帆起航 《

"优秀是一种习惯。"这句话用来形容王乐真是恰如其分，她不仅学习成绩优异，多次荣获校级一等奖学金和国家奖学金，还是一位干练、雷厉风行的

"女强人"。毫无疑问，本科阶段担任校青年志愿者协会主席、研究生阶段担任研究生会主席的经历让她形成了极强的管理能力与果断的做事风格。

从本科阶段开始王乐就经受了创业的历练，从小商品销售到代理名牌商品，与厂商的谈判和渠道的沟通让她很早就接触到了商业的真实与残酷，也培养了她敏捷的思维和市场洞察力。本科阶段的创业随着考研的临近而被逐渐搁置，但创业的星星之火在王乐心中未曾熄灭。

在一次与男朋友骆靖元的聊天中王乐发现，人工智能的三大支柱（计算能力、算法、数据）支撑着每一家人工智能企业甚至整个行业。人工智能的爆发也是积累了庞大数据量和计算能力的突破导致的，在计算能力和算法先进性大致相当的情况下，高质量的数据成为人工智能企业发展的重要动力来源，也是每一家人工智能企业发展的重要壁垒。王乐对此产生了浓厚的兴趣，随后的调研考察更是让她坚定了以数据服务作为新的创业起点的决心。

与骆靖元商量后，两人决定先进行线上试验，利用众包和兼职等形式开展项目。"一开始的几周时间里，为了完成客户的要求，基本上隔一天就会通宵一次，一次不够就两次。"王乐回忆说，"有时甚至要研究生同学一起帮忙。"他们知道，数据的质量决定产品的好坏，因此对质量的要求也就非常严格，即使客户方只需要90％的合格率，他们也会让员工做到95％。每次交付数据时客户都非常满意，他们也因此收获了良好的口碑。

》　青春无悔　乘风破浪　《

随着公司业务量的快速增长，线上兼职人员也相应增加到了1000人，但由于兼职人员流动性较强、任务难度增加导致培训时间延长，交付速度慢慢降了下来。为了能在约定时间交付任务，骆靖元和王乐过上了"无法无天"（没有法定节假日，没有周六周天，不分白天黑夜）的日子。就这样持续了半年后，他们决定成立公司，招募全职人员进行数据处理，搭建一套全面自主采集、标注、质检、管理的数据服务流程。

在一路披荆斩棘的同时，王乐还积极参加各类创业大赛，荣获第五届全国"互联网＋"大学生创新创业大赛四川省金奖、第十届中国大学生服务外包创新创业大赛全国二等奖、2018全国大学生微创业行动全国金奖、"创青春"大学生创业大赛网络信息专项赛（实践类）全国铜奖、2018创客中国智慧芯片设计与应用创新创业大赛全国三等奖。在比赛的过程中，王乐不断向专家评委请教，打磨自身的商业模式，明晰未来的发展路线。此外，王乐还结识了一群志同道合的伙伴，他们成为她之后创业路上的战友。

》 星夜兼程　不忘初心 《

如今，"汇众天智"已与国家信息中心联合推进人工智能人才模型建设，开发完成了技术和运营职业培训课程，建立了由顶层架构师、算法工程师、AI训练师以及数据训练师组成的多层次人工智能人才模式。同时还引进了卡耐基梅隆大学人工智能博士，在利用算法模型提升工作效率的同时希望借此开启通往"无监督学习"的大门。此外，团队还积极参与四川省和河南省数据加工产业规划，协助政府进行数据供给侧改革，通过结构化重构将高质量数据提供给各行各业，加快推动人工智能产业的发展，预计可以提供2000～5000个岗位。

这是一个瞬息万变的时代，这是一个与时俱进的企业。"汇众天智"将秉承"质量为先、拥抱变化、正直诚信、奋勇拼搏"的汇众精神，让数据发展成为人工智能发展的源动力。

AI赋能万物、数据助推革新！

自主创新,打破垄断

人物名片:

于冰,西南石油大学土木工程与测绘学院副教授,成都精测空间科技有限责任公司董事长兼总经理,国家注册测绘师,国家自然科学基金通讯评审专家,任西南石油大学青年科技创新团队学术骨干。主持国家自然科学基金青年科学基金项目1项,中国博士后基金面上项目1项,国际合作项目3项,四川省科技计划项目1项,国家重点实验室项目3项,省重点实验室项目1项,校级科研项目2项,

发表科技论文40余篇。主持和主研省部级和校级教改项目4项,发表教改论文7篇。指导学生获国家和省部级高水平学科竞赛特等奖和一、二等奖20余项,获省级学科竞赛优秀指导教师。2019年指导学生获"互联网+"大学生创新创业大赛四川省金奖。

>> **宝剑锋从磨砺出:十年寒窗,铸就精品** <<

2008年,汶川地震给人民带来了严重的生命和财产损失。2009年,带着

对灾害形变精确监测以及对新型遥感形变监测技术的追求，于冰精心致力于形变监测新技术研发，经过六年的不懈努力和自主创新，他提出了一整套系统的时序 DInSAR 形变监测理论、方法和技术方案。2015 年，他放弃了赴海外继续深造的机会，毅然而然留在国内，组建团队，启动技术研发和软件系统开发项目，先后获批 10 余项省部级、国家级和国际合作科技项目。2019 年，团队注册成立成都精测空间科技有限责任公司，致力于遥感形变监测新技术研发和软件开发、销售和技术服务。依托自主研发的新型时序 DInSAR 技术，精确提取地表及设施形变，实时发布监测结果，突破了以往难以适用于大梯度形变和沉降监测的技术瓶颈，有效拓展了应用领域，进一步拓宽了应用市场。

》 天生我材必有用：专注监测，精益求精 《

随着我国经济的高速发展，地下水、油气、矿藏等资源开采加剧，引发了极为严重的地表沉降。同时，我国各类大型工程和基础设施建设突飞猛进，如何对其勘测、施工和运营全生命周期进行高效的形变监测是保障安全建设和运营的关键。40 年来的统计数据显示，地表沉降、工程和设施形变给社会造成了巨大的经济损失和灾害性影响，相关监测业务备受重视，并被国家列入重大发展战略规划，形变监测新技术的应用前景日益广阔。精测空间科技有限责任公司致力于打破国际技术垄断和软件产品垄断，着力打造国内一流的新型形变监测平台，力求实现各类地表形变、地质灾害形变、工矿沉降、城市沉降和工程形变的精确监测，为形变监测、预防和相关灾害的防治提供技术保障。团队所研发的新型形变监测技术和平台在精度、功能、处理效率、易用性等方面均优于国内外同类产品。不断创新，打破垄断，专注监测，精益求精！

》 长风破浪会有时：不忘初心，开拓进取 《

根据《国家中长期科学与技术发展规划纲要（2006—2020 年）》，2020 年，我国已初步建成高分辨率对地观测系统。届时，将打破国外在 SAR 数据领域长期垄断的局面,为开展时序 DInSAR 形变监测提供更为坚实的数据保障,也将进一步扩大时序 DInSAR 形变监测产品和服务的市场需求。市场规模的扩大和海量数据的投入使用需要高性能软件产品的支持,精测空间科技有限责任公司致力于高性能形变监测软件研发和监测业务服务,将有力促进"数据获取、处理、输出、行业服务"全产业链的国产化进程。遥感新技术形变监测全产业链的国产化是势在必行的重大机遇,更是企业所肩负的重要责任。

精测空间科技有限责任公司将始终贯彻"技术创新,突破瓶颈;专注研发,打破垄断;自主产权,推动国产;功能齐全,适用性强;支持定制,服务升级;专注监测,精益求精"的目标和宗旨,解决更多的形变监测技术问题,提供更优质的产品和服务。

带着梦想，一路前行

人物名片：

何明天，西南石油大学工程管理2016级学生，"齐乐共享"零食箱创始人，"益行拓展"创始人兼CEO。

》 敢为人先，不惧艰难 《

大多数人对于何明天的印象都只停留在街舞上，"Battle Fly"协会会长、"B—Boy"……这些都是些耳熟能详的称呼，其实，聚光灯下的他还有鲜为人知的另一面——一位不甘平庸的创业者。从踏进西南石油大学的校门开始，何明天便走上了创业之路。留心生活、善于思考的他，在大一的时候便发现了大学生的种种需求，随着共享经济的发展，他抓住时机，率先提出了"共享零食箱"的概念，组建了"齐乐共享"创业团队。几经周折，项目还是失败了，但何明天并没有气馁，因为他坚信，成功的反义词不是失败，而是平庸、不作为。他认真地总结了初次创业失败的经验，为后面创立"益行拓展"打下了坚实的基础。

青春有梦，携手同行

有这样一群人，他们既是校友，相遇在同一所高校；又是青年创业合伙人，因为相同的价值观走到了一起。他们充满活力，满腔热血；他们团结友爱，勇往直前；他们追求卓越，不断创新。他们是"益行拓展"的开拓者，是校园拓展的先行者，他们致力于服务高校学生团体，使高校学子在课外拓展团建中可以获得体验式学习的机会，从而更加团结友爱、充满活力。

一次偶然的机会，何明天参加了由西南石油大学双创中心组织的青年领袖训练营，在这期间，一群完全陌生、不同年级、不同专业的大学生竟然能够在短短一两天时间内成为朋友，大家彼此信任、互相分享、互相鼓励，营会结束之后，大家偶尔还会聚在一起交流和学习。他意识到，这种氛围如果能广泛存在于高校学生团体，必然大有可为。在这次经历的鼓舞下，他提出了创立一个专注于服务大学生团建组织的想法，一句响亮的"有志者，跟我来"，吸引了一些有同样创业想法的伙伴，这便是早期"益行拓展"团队的雏形。

"雄关漫道真如铁，而今迈步从头越。"创业之路并没有想象中那么一帆风顺。刚开始，除了梦想，这群年轻人似乎什么都没有，没有资金，没有拓展师，没有拓展团建的经验……但这些并没有阻碍他们前进的步伐，经过无数次的设想与探讨，"益行拓展"秉承"爱与奉献"的初心，于2018年12月1日孕育而生，旨在帮助当代高校学生团体进行团队建设，以增强团队的凝聚力和成员的归属感。

益行将公益组织"iYOUNG"全球青年领袖联盟"爱青年"的理念引入校园，并将其融入拓展培训之中，通过好玩有趣的拓展游戏引发参与者对自身及团队的思考，实现与他人的良好沟通，有效破除个人自我中心概念，从而达到增强成员凝聚力和归属感的目的。如今，益行以"爱与奉献"为理念，已在素质拓展培训方面探索出一套适合当代大学生的培训方案，帮助大学生更好地融入集体，在现实生活中充满自信，并找到内心的栖居之地。

》 稳扎稳打　追求卓越 《

通过一系列的完善和努力，2019年3月，何明天带着崭新的益行出现在了公众的面前，毫无疑问，这一两个月的努力没有白费，益行的发展也越来越好。但身为CEO的何明天并没有掉以轻心，他清楚地知道，单单靠公益计划和团建项目是远远不够的，这些难以形成益行的核心竞争力。只有不断创新拓展流程，根据服务团体的性质开发出更多适合大学生的拓展项目，培养出更多优秀的拓展师，才能使益行不断发展壮大、经久不衰。经过一年多的发展，益行拓展拥有了相对完整的培训体系、几十个拓展培训项目、三位年轻的拓展师和十几名团队成员，从创立至今，益行已独自开展21场拓展团建培训，取得了所有参训团体的认可和支持，相信在未来，它一定会越来越出彩。

用最初的热情做最长久的事情，秉持这样的信念，"益行拓展"的创始人何明天带领益行团队在校园拓展领域、深耕细作，我们有理由相信，在大家的共同努力下，益行一定会拥有一个更加美好的明天！

变"中国制造"为"中国创造"

人物名片：

罗煜林，西南石油大学材料科学与工程2015级学生。获第三届"互联网＋"大学生创新创业竞赛全国铜奖、四川省金奖，2017全国大学生数学建模竞赛四川省二等奖，西南石油大学2017年度"十佳三好学生"，中华环境保护基金会"优秀志愿者"。成都明辨科技有限公司创始人，2017年带领团队获得四川海宇矿产资源有限公司融资300万元。

》 绿护之法 初露端倪 《

一次偶然，罗煜林发现两个大口径管道的连接口——法兰，是一种极易腐蚀的部件。据统计，随着西气东输的发展，早在2016年，我国油气管道总长就已达到了22万公里，其中每6米就有一个法兰连接，法兰总量约3700万。作为最易产生腐蚀的部位，法兰腐蚀每年带来的直接经济损失超过1000亿元，同时管道腐蚀产物中的重金属元素也会给人体健康和生活环境带来极大的威胁，而使用防腐涂料能将损失减少70％。

针对这一问题，罗煜林展开了充分的调查。通过对市场上传统的防腐涂料进行调研她发现，传统涂料存在防腐蚀性能差、材料利用率低、污染环境严重、被国外品牌垄断等问题，并不能有效针对管道运输这一特殊情况，于是她决定寻找一种防腐蚀性能强、可循环使用的环保涂料。

》 疑云密布　困难重重 《

为了协调好学习、工作和科研之间的关系，挤出更多的时间去做自己想做的事情，罗煜林坚持每天六点起床，一路小跑到博学广场上去背单词，为了戒掉自己爱玩手机的坏习惯，她每次自习都不带手机。一学期过去，她拿到了高等数学满分、大学物理满分的好成绩，并高分通过了英语六级考试。仅大二下学期就参加了17个比赛，获西南石油大学第六届焊接设计大赛一等奖、第一届材料设计大赛二等奖、第二届化学能源竞赛二等奖、混凝土结构设计大赛三等奖，此外还参与了校级重点课外开放实验优秀课题等。

》 峰回路转　柳暗花明 《

经过无数次的实验设计和材料试验，罗煜林及团队最终设计出了一种较为完备的材料体系，该材料是以纤维素和弹性体为骨架、烷烃类液态有机物为填充物的有机凝胶，集绿色环保、防腐蚀性能好、可循环使用、阻尼系数高、性价比高、易回收、力学性能好、低温可塑、稳定性好等优良特点于一身，主要用于管道连接处或缝隙处的法兰防腐，面向石油钻井、海洋平台等重要领域。优良的可循环性让材料可以在一定温度范围内能反复加热软化和冷却硬化，实现多达十五次的重熔循环使用，契合了当下低碳经济和可持续发展理念。

管道的相关防护措施已初具雏形，在罗煜林的带领下，团队成员结合市场背景进行调查，继续加强完善防腐材料，使其增加了多种优良的物理化学性能，以应用于防腐蚀领域、阻尼减振领域和3D打印耗材领域。同时，团队还研发出了与该材料配对的熔融挤出装置，简化了生产工艺，提高了工业生产效率。

》 初露锋芒　崭露头角 《

作为"绿色可循环功能复合型凝胶材料"课题负责人，罗煜林致力于将该材料推广于油田防腐蚀产业。为了调研油田防腐蚀市场，进行科学的竞品分析，她吃过很多闭门羹。经过不懈努力。团队最终于 2017 年 7 月获得了四川海宇矿产资源有限公司 300 万元的投资。同年 9 月，团队注册了成都明辨科技有限公司，并在双流区修建厂房，进行批量生产。目前，公司已与多方取得了合作，也因此获"互联网＋"大学生创新创业大赛全国铜奖、第四届新都区青年创业大赛一等奖、第十一届成都青年创业大赛二等奖等 10 余项奖励。团队利用自身的技术优势和合理的商业模式，借助高校科研平台，将这项技术广泛应用于各个领域，打破了国外防腐蚀材料的垄断，促进了我国防腐蚀行业的发展，为我国的防腐蚀事业做出了巨大贡献！

》 不忘初心　心系扶贫 《

罗煜林不光拥有科研方面的成果，在实践方面也毫不逊色。2016 年，她前往马边彝族自治县进行了为期半月的支教活动。面对一双双清澈的眼睛，罗煜林深信，只要自己再努力一点，这个世界一定会有一些不一样。随后，她辗转多所小学，在各网络平台、各学院进行募捐活动，最终筹得近 500 本图书和一万元善款，用于资助当地的贫困学生。此外，她还签订了长期社会实践协议，助力实现短期支教长期化。这一系列事迹被新浪网、中国大学生在线等十多家媒体报道，罗煜林也因此获得了 2017 年大学生社会实践"优秀个人"称号。

一路以来，罗煜林从未停下脚步，因为她相信："现在就上路吧，前方有目不暇接的城堡和海洋！"

顺势而为，智创青春

人物名片：

李宁，西南石油大学法学2012级学生。"i驾车"（A轮）创始人、北京校园vc创投合伙人、四川省人社厅创业指导中心创业指导专家、四川省创业促进会导师库成员、成都以太资本（游戏工场）创业导师、广州广发证券创业导师、法国布雷斯特商学院顾问导师团成员。曾获第二届中国"互联网＋"交通运输大赛全国二等奖、2017年广州青年创业大赛金奖、全国大学生KAB创业金奖、第四届"互联网＋"大学生创新创业大赛四川省金奖、中国服务外包大赛全国银奖、成都青年创业大赛金奖、2019年全国"i创杯"三等奖。

》 冉冉升起的新星 《

随着生活水平的提高和道路交通的发展，学车已经成为当下社会的刚性需求。一次偶然的机会，李宁得知要实行自考驾照的消息，有着丰富创业经验的他立刻意识到这其中大有可为。于是他立刻寻找伙伴，多方进行商讨。他们认真分析了现有的驾校模式，一致认为传统驾校存在"不方便、学时长、教练凶"等问题。自考实施后，有政策的支持和潜在客户，却缺乏资源衔接平台，这一切都为他们创新创业项目的实施提供了充足的发展空间。

对此，李宁和同伴准备借"互联网＋"的东风，打造一个驾考服务平台，学员自行预约，实现"一对一"培训，每次学完后只支付单次费用，大大节约了学车成本。同时平台还实施教练评级制度，避免了部分教练懒散及不负责任情况的出现，这就是"i驾车"App的雏形。

每每想到这个即将颠覆传统驾校的项目，李宁就激动得睡不着觉。很快，他就开始组建团队——6位20岁出头、来自成都不同高校的大学生，他们都是李宁在成都大学生创业圈里积攒下的人脉。与此同时，在学校创新创业政策的支持与帮助下，李宁找到了一个计算机专业的博士生导师教授，由他提供技术支持，制作App。2015年11月，历经三个月的研发，第一个版本的"i驾车"App上线了，学车自考政策也在一个月后出台。同年，团队注册成立了"i驾车"网络科技公司。

》 几近破碎的梦想 《

"我们走在了最前面，是全国较早研发并面市的学车App。"每次说起，李宁总是信心满满，他相信，产品一经推广，一定会在驾校培训市场产生不小的影响。但现实却给他上了沉重的一课：他们决定在西南石油大学对App进行试点推广，但彼时恰逢期末，市场反响较弱，而且同学们对于这样一种全新的学车模式持怀疑态度，部分学生甚至认为这是一种诈骗手段……尽管如此，李宁依然对自己的项目有十足的信心，他坚信，同学们使用过App后一定会理解并且支持他。于是，他带领成员在学校里发放传单，一间间地走访学生寝室宣传他们的创业项目，不厌其烦地为同学们讲解这种全新的学车模式。

一段时间后，生源市场情况稍有好转，这时他们又遭遇了另一个巨大的问题——没有驾校入驻，这是团队成员从来没有预料到的结果，坚持了这么久，

又付出了这么多,李宁和成员们都不禁产生了挫败感,他们甚至开始怀疑自己最初创业的选择到底是否正确,几个大男人在办公室里哭得像孩子一样。

>> 焕然一新的热情 <<

首次失败让李宁意识到,创业从来都不是件容易的事儿。整理好心情,他决定再次出发。这一次,他的想法得到了成都某驾校校长葛文超的认可,葛文超决定和这群年轻人一起改变行业现状。有了前辈的支持,李宁更有信心了。

当时团队中只有 4 个人,他们兵分两路,李宁负责联系驾校寻求合作,说服驾校把手下的教练"移植"到他们的软件平台上来,给用户提供更多的选择,从而使 App 覆盖更大的范围。葛文超则负责寻找测试学员,以获取足够的可用数据。接下来的 15 天里,成都所有的驾校都留下了李宁团队的足迹,"只要在成都范围内,就没有我们没去过的。"李宁自豪地说道。

功夫不负有心人,经过不懈努力,团队终于有了第一个合作对象——四川长征驾校集团。之后,他们又相继与 4 家驾校达成了合作。前期的准备工作完成后,"i 驾车" App 也正式上线。

至此,他们终于走上了正轨。此后,他们开始在 24 所高校进行宣传招生,渐渐地,他们拥有了稳定的学员,一切都在慢慢好转。目前,"i 驾车"学员已突破千人,实现了稳固的异地互通联网教学。

>> 坚如磐石的后盾 <<

对于创业者而言,最珍贵的永远不是锦上添花,而是雪中送炭。毋庸置疑,李宁拥有极强的个人能力,但每当谈起项目的成功,他总会说这是团队的功劳。在他人的支持与帮助下成长起来的李宁更懂得感恩,更热爱生活。几年来,他始终坚持学习,并不断总结经验,将创业实践与理论相结合,投身各类创新创业教育活动,为更多的年轻人点亮创新创业的心灵火光。他还积极关注精准扶贫、社区治理等公益项目,走进农村开展调研,与各类社会组织紧密联系，让自身的创新创业活动更好地助力乡村振兴，服务社会大众。

"当初那几个落魄的人无论如何也想不到，几个月后，会有这么多人簇拥着我们一直走下去。取'彦诚'这两个字作为公司的名字是我人生中最骄傲的一件事，因为这两个字凝聚着一种情怀、一种精魂——'俊彦精诚，同心同德'。我想要对得起自己做过的每一件事，对得起我身边的这群人，为此，我愿意竭尽所能。"经历种种，如今的李宁，拥有一颗无比坚强而温柔的心。

穷且益坚，志存高远

人物名片：

刘稳，西南石油大学机电工程学院 2015 级硕士研究生、成都家港科技有限公司创始人。曾获 2016 年大学生"服务外包创新创业"大赛全国二等奖、新都 2016 年"香城创业之星"、第五届四川省高校毕业生"励志青春·创造未来"创业大赛三等奖、"创青春"大学生创新创业大赛四川省铜奖、西南石油大学第四届"飞翔奖"、国家励志奖学金等，先后获得创业资助 5 万余元，拥有 3 项实用新型专利、10 项发明专利。

》 **意志坚定，勤于思考** 《

刘稳家境贫寒，从小就想通过自己的努力去改善现状，改变家庭。2011 年，刘稳成功考上了西南石油大学，走进大学校园的那一刻，他感到无比的骄傲与自豪，并且暗下决心，接下来的几年里，一定不懈努力，不辜负家人和老师的期望。

大学期间，刘稳做过各种兼职，从送水、发传单、营销，到自己带队做中国移动校园经理、创办家教机构等，一路走来，他成长多多，收获多多。

面对种种，刘稳始终用"穷且益坚，志存高远"这八个字来激励自己。他相信，只要敢于付出，面朝大海，一定能收获属于自己的春暖花开。一个偶然的机会，刘稳接触到了洗碗机，也看到了其背后蕴藏的巨大商机："洗碗机有着广阔的市场前景，但现在市面上洗碗机的价格却让一般的家庭难以承受，为什么不能设计制造一款质优价廉的洗碗机来满足消费者的需求呢？"

》 敢想敢做，大胆尝试 《

为了更好地了解市场需求，刘稳和团队成员来到成都各大家电市场、餐馆调研洗碗机的使用情况和存在的问题。经过三个多月的调研，他们对市场情况有了大致的了解。之后，他们又虚心请教老师，查找相关资料等，终于形成了自己的创业方案。

在学校"创新引领创业，创业带动就业"理念的鼓舞下，刘稳和几位同伴于2014年成立了成都家港科技有限公司，公司以技术开发为导向，主要致力于家用、商用洗碗机的研发与推广，以国内中、上层收入家庭和酒店等为服务市场，充分利用高校的研发力量，推进超声波系列电器产业化。

之后，公司入驻西南石油大学大学生科技园，在团队成员的共同努力下，完成了洗碗机一代、二代的更新与改进，并且陆续参加了各种大学生创业比赛，取得了优异的成绩。

》 梦想不息，创业不止 《

2016年，团队在原有项目的基础上又增加了一项"互联网+"驾考服务——"车优里"互联网学车平台。"车优里"项目的宗旨是："专注于打造大学生学车无坑平台。"

团队经过市场调查发现，传统驾校市场秩序混乱，导致学员对驾校产生了

一树百获
—— 创新创业人才风采集锦

一定的反感情绪，对此，他们针对性地建立了互联网学车平台，学员可以直接在平台上报名预约，很大程度上解决了传统驾校的痛点。

目前，"车优里"已经覆盖成都各个高校市场，拥有推广团队近 50 个，并与西南石油大学校内驾校达成了深度合作，为广大学员提供了便利，成都范围内招生突破 5000 人，流动资金达 1024 万。

2016 年，团队报名参加了第二届"互联网＋"大学生创新创业大赛，为了参加此次竞赛，团队成员牺牲了大部分周末和暑假的休息时间，全身心地投入项目的实践和运行中。同时，他们也参加了由双创中心组织的对参赛团队的多轮指导和培训，暑期训练营各类专家的全方位项目指导和训练让整个创业团队在项目创意、创业计划、商业模式及路演技巧等方面得到了极大的提升。在学校的帮助和自身的不懈努力下，团队最终于九月份举办的省赛中斩获铜牌，之后又在中国大学生服务外包创新创业大赛中获全国二等奖，在 CMAIT 创业大赛中荣获全国二等奖。

刘稳说："很幸运自己在'大众创业、万众创新'这样一个时代背景下选择了创业，种种经历使我明白，做任何事情，不论成败，都应以高昂的姿态和饱满的精神去面对，因为它凝聚了自己的汗水、心血和智慧。永远不要害怕挫折，因为有时从失败中学到的东西，要比成功中学到的多得多。"

心中有梦想，创业正起航

人物名片：

王杨，西南石油大学计算机科学与技术专业 2019 级硕士研究生，"基于 LBS 的实时问答 App 平台——包打听"创业项目现任负责人。曾获"西南石油大学创业英雄""优秀毕业生""优秀团员"等荣誉称号，多次获校级奖学金及"互联网+"银奖。参与 17 期校级重点开放实验及 2019 年"启航计划"项目，成功申请计算机软件著作权 2 项、专利 1 项，发表论文 2 篇。

》 创新来源于生活 《

创业对于大学生而言并不陌生，有的人成功，有的人失败，但是少有人后悔，因为每一个创业者在过程中得到的收获远远大于他们对结果的追求。王杨就是创业浪潮中的一员，作为"包打听"创业项目的负责人，他觉得自己是幸运的，在大学本科期间，他和一群志同道合的小伙伴同心协力地完成了一件让他们永远铭记于心的事情，而这件事情就是创业。

——创新创业人才风采集锦

"包打听"是一款基于 LBS（Location Based Service）技术的知识、技能、信息分享平台。所有的注册用户既可以是提问者，也可以是回答者。作为提问者，用户可以在平台提出一切合法的问题，大到国家政策，小到柴米油盐。例如："附近是否有正在打折的超市？""西南石油大学新生报到的流程是什么？"这些问题可以通过奖赏咨询的方式发布在一定的地域范围内，附近的回答者看到问题后，便可以通过在线、通话、面对面的方式给出自己的解答，提问者确认问题被解决后，其奖赏积分将通过系统注入回答者账户。

关于"包打听"的创业想法来源于王杨对生活的观察，人们常常会因为对生活细节不够清楚而做了许多"无用功"，跑了很多"冤枉路"。因此他想，如果有一个平台，可以让大家分享信息，交流经验，人们的生活一定会更加便利。有了初步想法后，王杨开始进行调研并查阅大量资料。在共享经济时代，成熟的问答平台已有很多，如"知乎""分答""腾讯问问"等，但是这些平台所涵盖的问题大多专业性较强、时效性要求不高，并不侧重于生活中那些希望马上得到答案的问题。基于这一点，王杨确定，自己的创业想法具有足够的创新性和可实施性，并且拥有一定的商业价值。

》 **团队是创业成功的关键** 《

"众人拾柴火焰高。"明确了目标后，王洋便开始着手创立属于自己的团队。起初，团队成员只有 3 人——2 名研究生和 1 名本科生；研究生擅长算法，本科生擅长后端开发。但是这样的成员结构并不完整，他们还缺少美工、Android 开发人员和策划等。如果没有结构合理、人员完整的团队，他们在创业这条路上将寸步难行。意识到这一点后，王杨和团队成员便开始主动寻找志同道合的同学加入自己的队伍。在大家的共同努力下，创业队伍的日益壮大，项目落地也逐渐成为可能。大家共同商讨项目细节，并留心学校创新创业中心发布的消息，争取能够得到学校的支持与帮助。另一方面，王杨还积极找寻学院的老师，希望得到老师的指导。在这一过程中，数据科学与大数据技术专业郑津老师给予了他们无私的帮助，在郑老师的指点下，团队有了更加明确的规划和更为深厚的技术支持。

》 机遇与挑战并存 《

歌德说过，"擅于捕捉机会者为俊杰"。终于，王杨和团队等来了他们期盼已久的机会。学校创新创业中心的创客空间开始招募创业团队入驻，并且提供相应的办公场所、对外路演以及政府资助等机会。入驻创客空间需要进行项目答辩，阐述团队的创业想法，提供商业计划书等，这些既是对他们能力的考察，也是对团队的团结协作精神的检验。从PPT、商业计划书到答辩演讲稿，团队每个人都全身心投入，仔细推敲计划书中的每一个字眼、PPT中的每一张图片、演讲稿中的每一句话。答辩之前，他们一遍又一遍地演练，尽可能地控制演讲时间，熟悉讲稿，争取能在有限的答辩时间内做到清楚、流利并简明扼要地为大家介绍他们的创业想法。终于，功夫不负有心人，团队如愿拿到了创客空间的入场券。这次成功入驻给团队带来了更好的发展前景，他们有了更为丰富的硬件资源、更好的办公环境，以及更多的实战机会。

然而他们也深知，这只是长征途中的一条小溪，趟过了，后面还有更多严峻的挑战。但是这次经历让他们有了更多自信，也更加明白，只有团结协作，才能克服更多的困难。同时，在每次路演答辩时，他们也会抓住与其他创业团队交流的机会，从中学习其他团队优秀的管理理念、精致的项目规划、高效的项目推广和先进的商业模式。

》 失败是成功之母 《

万事开头难，在开始阶段，团队的工作也进行得十分艰难。每个人都付出了极高的学习成本，几乎没有休息的时间，加班熬夜更是常有的事。但团队里没有人喊苦喊累，大家总是说："技多不压身。"在团队成员变动更迭之际，作为团队的负责人，王杨也总会反思自己，如何才能成为一个优秀的领导者？如

何才能更好地管理整个团队……尽管经历了种种挫折与失败，但他们从未放弃，因为他们深知，只有经历过冰河期还在坚持发光发热的人，才能成长为真正的创业者。

伏尔泰曾经说过："不经历巨大的困难，就不会拥有伟大的事业。"或许团队成员还没有足够成熟的商业头脑，但他们也有属于自己的骄傲。人的价值蕴藏在自身的才能之中，经历种种，他们没有为当时付出的艰辛而后悔，也没有在困境中被击退，他们所收获最多的是在困境中茁壮成长、争取成功的方法。

》 未来继续前行 《

创业是一个创造的过程，在这个过程中，王杨和团队成员不断思考着自己的人生方向和自我定位。大学生创业有优势也有短板，如何认清自己的优势，扬长避短，寻找适合自己的发展道路便显得至关重要。在这个"大众创业、万众创新"的时代，他们从生活中获取创意，在政府和学校的大力支持与帮助下一步步向自己心中的梦想迈进。在这个过程中，他们体会到了团队合作的重要性，增强了自己的专业技能，锻炼了自己的交流和实践能力，磨砺了不畏困难的心志，这些都是在课堂和书本上学不到的。

王杨认为，无论结果如何，他都不后悔在自己的大学时光和一群伙伴一起做了他们认为有意义的事情，因为他们共同努力过、拼搏过，而这些经历都将化为他们人生众最宝贵的财富。只要心中有梦想，创业永远在路上。

青春之行，创业之路

人物名片：

文钊，西南石油大学软件工程专业2015级学生，西南石油大学计算机科学学院本硕学生科研团队"云上西柚"团队负责人。现保送至电子科技大学信息与软件工程学院，担任电子科技大学信息与软件工程学院研究生会副主席。曾获四川省优秀毕业生、成都ACM chapter 2019年度优秀大学生提名、"创青春"大学生创新创业大赛四川省银奖等，曾担任西南石油大学计算机科学学院团委秘书长兼创新创业中心理事长，组织成立3家学生创业公司。

》 初入迷茫，始于勤奋 《

初入大学，文钊和很多同学一样，对自己的未来有些迷茫，直到有一天，辅导员安排新生去参加学院的创新创业分享会，文钊在现场听各位学长学姐介绍自己的项目，也第一次了解了创新创业，当时的他被各位学长学姐扎实的专业基础深深震撼，心中埋下了一颗创业的种子。

文钊深知，要成为一名合格的创业者，首先要具备过硬的专业本领。他加入了油田信息化实验室学习专业知识，早上8点到晚上10点奔波于"教室——食堂—实验室—寝室"的"四点一线"，每天晚上"逛"各种技术论坛。渐渐地，勤奋踏实的他得到了老师的信任，大一下学期，他开始负责一个校级重点科研项目。2016年4月，新一届的计算机科学学院"盛特杯"学生课外科研项目立项活动开始，在专业学习仅几个月、专业技能还有待提高的情况下，文钊毅然选择了参加这次比赛。面对不懂的技术难题，他白天上课，晚上就到实验室查资料、写论文。这样的生活持续了整整6个月，最终他顺利立项，还发表了2篇论文，并以学院综合测评第一的好成绩获得了国家奖学金。

》 渐入佳境，合于团队 《

2016年暑假，越来越多的公司和团队邀请文钊来承接各类软件项目，繁忙生活终于击倒了他，他患上了严重的胃溃疡，在医院里足足躺了一个星期。这时，他意识到了团队协作的重要性，准备组建团队进行创业，这一想法得到了实验室老师的鼓励与支持。2016年6月，计算机科学学院第一个本硕学生科技团队——"云上西柚"应运而生。

团队招收了近50名新生，文钊既要做程序开发者，又要担任新生的教练员。为了帮助大家提高专业能力，他只能白天上课，晚上为新生开小灶，其他同学都回到寝室准备休息的时候，他依然待在实验室，为大家制订培训计划，撰写"盛特杯"学生课外科研项目立项、校开放性实验、国家大学生创新创业项目的申报书和开题报告，这一年，他平均每天只睡6个小时。

付出终会有回报，经过不懈努力，文钊获得了"蓝桥杯"全国软件技术人才大赛四川省二等奖、全国"创新、创业、创意"电子商务挑战赛四川省三等奖、"互联网＋"全国大学生创新创业大赛西南石油大学铜奖，团队项目还获大学生创新创业补贴6项，入驻科技园孵化项目6项，成功创办成都森下科技有限公司和成都南轩科技有限公司并初次完成盈利……

持续创新,不断实践

2017年6月,文钊竞选为计算机科学学院团委学生会团委秘书长兼创新创业中心理事长。在团队中的管理和磨炼让他在创新创业工作的岗位上得心应手,但同时也感受到自己责任重大。学院中类似的创业团队还有8个,均面临不同程度的项目短缺、运行经费匮乏。为了改善这一困境,他创新了学院原有的运作模式,以创新创业为核心,以运营管理、创新宣传、项目孵化为基本点,形成了新的"1+3"网状运作模式。

运营管理上,以"云上西柚"和其他学生科技团队为核心实现众创空间的打造,营造浓厚的创新创业氛围;加大校企合作力度,与中软国际联合运营的杰克咖啡厅成功落地,营业一年盈利近5万元。在此过程中,文钊全程参与了与企业的对接及咖啡馆的运营。

创新宣传上,利用互联网线上资源进行众创空间宣传,通过"斗鱼直播"开展双创系列直播活动,邀请学院、学校创业达人进行创新创业分享,累计举办15次,在线观看人数破万。

项目孵化上,以第七届"盛特杯"为科研立项的重要窗口,引导学生积极参加创新创业类竞赛,在活动中,获成功立项的项目达41项,其中10项被推荐参加"互联网+""创青春"等省级、国家级创新创业比赛。其中"Alex激光义肢"项目被邀请参加2018年全国大学生创新创业年会并做经验分享。

以梦为马,不断前行

转眼间到了大四,由于出色的专业技能,文钊收到了各大IT公司抛来的橄榄枝,然而此时,他却选择了继续读研深造。文钊说:"现在IT行业发展速度很快,要想学到计算机的前沿知识,拥有更多的创业机会和创业灵感,我必须去读研。"文钊凭借在校期间的优异成绩成功保研至电子科技大学。

大学四年里，文钊从一个技术小白成长为一个团队领袖，从当初的迷茫颓废到运用科技实现自己的人生价值，完成了一次又一次人生蜕变。用科技打造未来，用创新驱动发展，他相信，有梦想就有未来，只要自己坚持去做，一切皆有可能，故事还未结束，创新仍将一路前行。

奋斗让梦想开花

人物名片：

胡启超，西南石油大学理学院电子信息科学与技术 2008 级学生，富顺县启元机电科技有限公司创始人。曾获西南石油大学第二届"飞翔奖—自强创业奖"、2011 年全国电子设计大赛四川赛区二等奖、第五届全国大学生"飞思卡尔"杯智能汽车竞赛西部赛区二等奖、第二届大学生光电设计竞赛全国优秀奖、西南石油大学 ACM 杯程序设计大赛三等奖和"康菲石油公司"杯学生课外设计优秀奖。

》 我的人生路我做主 《

胡启超是一个土生土长的农村孩子，父亲在他还未记事时就去世了，母亲也远走他乡，从小便与祖母相依为命。这样的家庭环境锻造了胡启超独立、果断、自强不息的优秀品质，"出人头地"一直是他心中的坚守。

胡启超知道，要想出人头地，只能努力学习，所以学习上的事从来没有让大人操过心，最终他顺利考上了西南石油大学。为了上学，他和祖母几经周

一樹百获
——创新创业人才风采集锦

折,才从亲朋好友那里借到了钱,凑够了学费。

》 奋斗是最美的时光 《

读大学后,为了赚取生活费,胡启超一直在不停地努力。当同学们自由玩耍时,他通常都在勤工俭学,做各种兼职。烈日下连续十多个小时不间断地发传单,饿着肚子跑到餐馆做钟点工,周末一边值班一边温习功课,利用午休时间跑上跑下打扫寝室过道……胡启超奔波在生活的艰辛里,微薄的收入总算得以维持他大学生活的基本开支,但他从未抱怨,一直努力活出自己的精彩。

胡启超知道,学生的根本任务始终是学习,因此就算再辛苦,他也始终坚持把学习放在首位。他认为,对专业知识的深入研究和应用是大学学习的核心,于是他自学本专业的课程,还掌握了各种实用技能,大学四年,他不是在学习和应用,便是走在努力学习和应用的路上。

》 抓住机遇,破茧成蝶 《

就这样,在不急不躁的积累中,胡启超于大三上学期迎来了第一个契机。他意外得知家乡的一个玻璃厂——富顺县河川玻璃厂有一台玻璃横切机已经报废,急需改造或重新购置,他心想,或许自己可以借这个机会尝试改造旧设备。老板被他的诚恳打动,答应由他在寒假里负责改造报废的玻璃横切机。

刚到现场,胡启超就遇到了难题:工厂生产线是全天24小时连续不间断系统,设备的稳定性将直接影响玻璃产品的质量,现场设备用电全是不低于380V的工业用电,而胡启超平时所接触的都是低压电路系统,不高于36V。每一次启动和停止都会产生很大的电磁干扰,万一系统出错,不仅会让整个生产线瘫痪,还可能导致电力系统短路,影响到电力系统和其他设备。

为了解决这一问题,胡启超查阅了大量的资料,准备自学机械和电气自动化方面的知识。有时他也会连续几个通宵在实验室试验各种方案,以确保设备稳定、安全、耐用、万无一失。经过几天的安装和调试,胡启超终于将设备改装成功。玻璃的产出速度和产品质量都大大提高，玻璃厂每天增长的直接经济效益达 3780 元。在改造过程中，他还采用了新的控制理论，使每次参数切换操作变得更加简单，既不影响生产线，也不浪费任何玻璃产品。

不久后，胡启超又接到了另一家玻璃厂的邀请，希望他能再设计一台这样的横切机。除去成本，两台微电脑控制设备共计获利 2.2 万元，就这样，胡启超获得了自己创业路上的第一桶金。

大三暑假期间，胡启超又为一家通信公司设计了六套 GPIB 通信设备程控电源模块，获利 0.4 万元，还清了中学以来用于学费的欠款。

大四学年，胡启超成立了自己的科技公司：富顺县启元机电科技有限公司，公司以订制工厂机电一体设备为主营业务，积极与其他公司合作。与四川"一川木舟"设计室合作，联合开发玻璃横切机设备；与北京世纪德辰通信技术有限公司合作，联合开发数控三维旋转天线平台。同时，他还积极为本校学生提供实习和就业机会，致力于帮助他人，扩大社会效益。

》 奋斗不止，梦想开花 《

就这样，胡启超通过不断的努力，实现了人生的"逆袭"。

学以致用，是胡启超一直以来的坚持，在他的带动下，越来越多的同学走上了知识创新、科技创业的道路。

同时，创业只是胡启超人生的第一步。他想在专业领域里应用更多的高端科技，掌握核心技术，拥有属于自己的知识产权，从而真正把"中国创造"推向世界。他是这样想的，并朝这个方向努力着，因为他坚信，只有奋斗才能让梦想开花。

为圆心中创业梦，创安全"守护神"

人物名片：

付洪琼，西南石油大学油气井工程2013级博士研究生。四川安钮诺斯油气能源技术有限公司创始人，与团队共同研发了树脂封堵技术相关产品，有效预防或解决了油气井领域的环空带压问题。项目"安钮诺斯——油气井环空安全守护神"获2018年中央企业熠星大赛全国三等奖、第五届"互联网＋"大学生创新创业大赛全国铜奖，曾受邀在西南民族大学等高校进行个人创业经验分享。

>> **把握时机，潜心研发** <<

与大多数学生不同，付洪琼并非从本科一直读到博士，每一次攻读学位后，她都选择了就业，先后在 Australian New Connection Shanghai Office、成都欧美科石油科技有限公司、安东石油技术（集团）有限公司以及维泰油气能源技术有限公司担任要职。丰富的工作经历成为她创业灵感的来源，在每一份工作中她都会认真反思，也正因如此，她才有经验和机会在实践中创新并最终圆梦。

一次偶然的经历，付洪琼接触了石油行业，于是她毅然决定回到母校攻读固井与完井方向的硕士学位。硕士期间，她参与了10余项固井与完井类的科研项目，发表学术论文7篇，申请发明专利2项。

毕业工作后，付洪琼敏锐地察觉到，油气井的安全生产是石油行业的关键。于是，她对国内油气井环空带压的问题进行了严谨的调研，发现有38%的油气井存在环空带压问题。为了解决这一问题，改善行业现状，在工作生涯的高峰期，她辞去了高额年薪的工作，回到西南石油大学准备博士学位论文，同时启动了自己的创业梦想。2017年3月，安钮诺斯公司在石大科技园注册成立，同年10月，另外三个合伙人进入公司。2017年年底，付洪琼和团队成员挣到了创业路上的第一桶金。之后，他们又在第五届"互联网＋"大学生创新创业大赛中大放异彩，夺得了全国铜奖。

》 风雨兼程，辛勤付出 《

创业伊始，前行的道路上荆棘满布。虽说在全国创业大赛上拿到了铜奖，但是付洪琼的目标远不止于此，她想立足国内，走向世界，将"安钮诺斯"一步步做大做强。于是，为了将"树脂水泥固井技术"用于固井，她跑遍了中国的大江南北，经过一系列的努力，方案论证得到了认可，准备在安东石油公司伊拉克项目进行实践。现在，付洪琼已经逐渐打开了国外市场，将产品推广到了埃塞俄比亚、伊拉克等地区并成功应用。

创业固然艰辛，但是付洪琼始终敢于挑战，现在她已经拥有两个项目部、20余研发和服务团队，还在山东成立了井下工具研发和加工中心，在河南成立了油田化学材料研发和生产基地，这一切都是付洪琼心血和汗水的证明，个中滋味恐怕也只有她自己知道。

现在，付洪琼被视作全校的创业典范，她也主动与他人分享自己的成功经验，鼓励众多的青年精英投身创新创业，致力于基础核心技术的自主研发，让中国在纷繁复杂的国际竞争中掌握主动权。

脚踏实地，仰望星空

目前，付洪琼的创业团队依靠西南石油大学国家重点实验室逐步发展壮大，组建了一支20余人的研发团队。对于未来，她计划前期依托已研发成型的树脂封堵技术，整合国内外先进技术资源、为各油田和企业提供优质的产品和相关技术服务，并准备引进投资，完善实验室设备，为现场服务做好前期实验准备。2020年招聘现场工程师领队、市场总监和实验室研发人员；2021年扩大市场服务范围，招聘现场工程师、市场专员和实验人员；2022年及以后，巩固和扩大业务范围，提供固井、钻完井等相关业务。

付洪琼通过自己的不懈努力，将个人的创新理念付诸实践，为全校的学弟学妹们做出了榜样：人生有梦想，就得通过自己的努力去实现，不论前行的路上有多少坎坷，都应该不忘初心，砥砺前行。相信这样的她终究会实现自己一直以来的梦想，抵达人生的彼岸。

人需有梦，更应追梦

人物名片：

李浩淼，西南石油大学油气储运工程2018级学生，"一颗米配送"团队创始人。曾任西南石油大学石油与天然气工程学院团委监察人事部委员、油气储运1802班班长。大学期间获"优秀三好学生""优秀学生干部""青马工程培训优秀"等荣誉，数次获优秀学生奖学金。2018年决定自主创业，成立校园外卖平台"一颗米配送"，主营校园外卖配送。

》 青春需奋斗 《

从初中开始，李浩淼便寄宿在学校。从小，他便是老师眼中的乖孩子，上课认真听讲，有问题及时向老师请教；生活中积极向上，乐于助人。到了大学，他主动竞选班委，直言服务班级同学的决心，后来成功担任班长，并进入了学生会。此外，他还虚心向学长学姐学习，经常与辅导员沟通交流。李浩淼说，自己特别喜欢与年长的人聊天，因为这样可以从他人身上学到人生的经验和道理。他踏踏实实、任劳任怨的做事风格得到了老师和同学们的一致认可。

一树百获
——创新创业人才风采集锦

》 创业正当时 《

军训时李浩淼发现：在学校，学生相对较为集中，如果创造一种不同于"蜂鸟专送"和"美团跑腿"的配送方式，因地制宜，采用大批量、统一配送和通知的形式进行操作，一方面可以方便同学们，另一方面可以降低配送时的人力成本。此外，也可以为勤工俭学的同学提供部分兼职岗位。

立下目标后，李浩淼便开始着手落实。万事开头难，最初，团队没有启动资金，几个合伙人拿出了自己的奖学金和平日里省吃俭用节约下来的钱进行了第一阶段的物资采购和库房租赁，购买了所需要的车棚、电瓶车、通讯手机等。李浩淼还利用周末的时间跑遍了新都区和青白江区的各个二手市场，购买了一些性价比较高的二手设备。把设备搬运回来后，连晚饭都来不及吃，他就又急匆匆地去继续筹备运营计划了。

由于刚刚成立，知名度不高，于是团队成员"披挂上阵"，用更便捷、更暖心的服务让大家了解这个新生的外卖团队。2018年冬和2019年夏，团队参加了西安和无锡举办的全国大学生服务外包创新创业大赛，分别取得了全国一等奖和二等奖，这才打响了名气。从此以后，"一颗米配送"团队的整体规模日渐扩大，配送范围几乎覆盖了整个学校。

》 梦想人生路 《

成立半年多以来，"一颗米配送"团队一直致力于加强运营的规范化。李浩淼于2018年年底购入了一些印有logo的工作牌和工作服，同时按照现代企业管理制度进行团队管理，从而使得团队得以充分发挥自身的协作能力。2019年6月，团队营业额突破20万；2020年1月，团队累计配送订单90万余，累计服务同学100万次，为合作商家节约配送成本100万。

新的一年里，团队决定以全面优化配送服务为立业之本，以精准和快速为目标，协同发展员工的责任心和团队管理层的凝聚力，从而使"一颗米配送"

获得更加长远的发展。他们深知，只有明确了整体的发展方向，团队才能在新的征程里披荆斩棘，一往无前。

人生需要梦想，每个人都要为自己的梦想努力奋斗，一击就碎的念头不是梦想，一击就碎的人也不配拥有梦想，尽管跌倒一百次，也要一百零一次地站起来！"千磨万击还坚劲，任尔东西南北风。"李浩淼以他的实际行动诠释着，人需要有梦想，更应该努力追逐梦想。

只争朝夕，不负韶华

人物名片：

杨欣宇，西南石油大学表演 2014 级学生，现任成都南巷清风文化传媒有限公司总经理、成都城中林教育科技有限公司联合创始人、SENSATION 自媒体创意工作室创始人、新浪直播 2016—2017 西南年度优秀创业型主播、成都辣吒餐饮工作室成员、2019 成都 KOL 峰会理事、成都菜鸟驿站武侯晋阳片区负责人、路带 HERE 跨境电商创始人之一。

》 敢闯敢拼，无怨无悔 《

刚刚步入大学校园时，杨欣宇和其他新生一样，迷茫无措，享受着无忧无虑的大学生活，从没考虑过毕业后可能面临的压力。"创业"这个词语似乎永远不会与他有交集。大二时，一次偶然的机会，杨欣宇接触了当时的新兴产业——直播，从此便开始了他的创业之路。

因为会弹吉他会唱歌，很快，杨欣宇就有了 20 多万的粉丝，在当时，这个数字是很惊人的。借助这一契机，杨欣宇建立了自己的公共账号。很快，杨欣宇的线下直播宣传得到了大家的一致认可，关注人数也在持续增长。

一年后，杨欣宇做了一个大胆的决定——创建自己的工作室，组建属于自己的团队。就这样，SENSATION 自媒体创意工作室诞生了。杨欣宇成功联合多方主播线上宣传成都新青年创业嘉年华音乐节，之后还与德庄、戴尔、小龙坎、奔驰、铃木等大中型企业对接地推项目，收获了一致好评。

随着行业的风起云涌，自媒体小视频日渐兴起，公司也开始面临转型的问题。此时，杨欣宇再次做出了一个大胆的决定，创立自己的拍摄剪辑系统，做属于自己的抖音 IP。很快，他们与"抖音"联合创办的"抖给你吃网红探店节"落地了，与多家餐饮机构达成了合作，也为之后创建自己的 IP 打下了坚实的基础。同时，公司以双线并进的经营方式兼顾电影、宣传片、文案编辑等方向的经营，与西南交通大学 MBA 学院建立了长期友好合作关系。

》 星星之火，可以燎原 《

2018 年，杨欣宇毕业了。此时他突然发现，学校的快递站异常火热，经过多次调查，杨欣宇萌生了一个更加大胆的想法：投资片区型菜鸟驿站。当时很多人都觉得他疯了，但杨欣宇是一个想好了就闷头干的人，就这样，他的第一家菜鸟驿站落户在了武侯区蓝光金楠府。之后，借助"一带一路"倡议的契机，杨欣宇又引进了部分国外商品在菜鸟驿站进行销售，如此一来，单纯的快递模式一下就被盘活了。

不仅如此，杨欣宇还创办了成都南巷清风文化传媒有限公司，从事自媒体创意、文创孵化和影视视频制作，在行业内具有较大的影响力，并与多家世界五百强企业签订了战略合作伙伴协议，旗下人员多次出席全国各种行业类型产品发布会、红人节等。

杨欣宇表示："创业至今，成都这座城市给我的感觉一直就是，只要你敢想敢做，就一定能够创造奇迹。目前我还在观望其他领域的一些项目，创新创业给我们这一代人带来的东西实在太多，要想有所成就，唯有只争朝夕，不负韶华！"